ANNA-MARIA NAGEL

ZITRONEN

· Kochbuch ·

Email: info@edition-lunerion.de
www.edition-lunerion.de

Psiana eCom UG
Berumer Str. 44
26844 Jemgum

Vorwort

Sauer macht lustig und deshalb würden Sie Zitrone am liebsten jeden Tag essen? Wunderbar, denn mit den hübschen Früchten haben Sie geschmacklich immer einen Joker in der Hand – und mit diesem Buch entdecken Sie, auf welch vielfältige Art Sie Zitronen kulinarisch in den Mittelpunkt stellen können! Vitamin C, sekundäre Pflanzenstoffe, Mineralstoffe: Dass die Zitrone eine wahre Gesundheitsbombe ist, hat sich längst herumgesprochen, aber auch geschmacklich präsentiert sie sich als echter Allrounder. Spritzig, fruchtig, frisch und säuerlich bringt Sie zahlreichen Speisen und Getränken ein ganz besonderes Aroma und besticht in leckeren Dressings und Saucen genauso wie zu Fleisch, Fisch sowie Gemüse und natürlich in Desserts und Drinks. Darum finden Sie in diesem Buch eine Riesenauswahl an leckeren Zitronenrezepten, bei denen Fleisch- und Fisch-Fans genauso auf ihre Kosten kommen wie Veggies und von der sommerlich-leichten Mahlzeit bis zum deftigen Menü alles dabei ist.

Guten Appetit!

INHALT

Wissenswertes

Dieses Buch hält 90 Rezepte für Sie bereit, die alle eines gemeinsam haben: die Zitrone! Zitronen lassen sich in der Küche vielseitig einsetzen, ob als zusätzliches Aroma mit besonderem Frische-Kick in süßen oder herzhaften Gerichten oder als Dressing, Dip sowie in Getränken! Sogar in Brot kann sie eine wichtige Rolle spielen! Mit ihrem frisch-säuerlichen Geschmack erhält jedes Gericht eine ganz individuelle und besondere Note, was Sie sofort schmecken! Probieren Sie es aus! Nun möchte ich Ihnen ein paar Informationen, Hinweise und Tipps rund um die Zitrone mit an die Hand geben.

DER EINKAUF VON ZITRONEN

Es gibt ungefähr 100 unterschiedliche Zitronensorten, die sich in ihrem Saftgehalt, Geschmack und der Schalendicke unterscheiden. Kaufen Sie am besten Bio-Zitronen, weil herkömmliche Zitronen fast immer mit Pestiziden belastet sind. Wenn Zitronen als „unbehandelt“ ausgewiesen sind, heißt das nur, dass die Frucht nach der Ernte nicht mit Pflanzenschutzmitteln behandelt wurde. Besonders wichtig ist dies, falls Sie mit der Zitronenschale kochen. Waschen Sie die Zitrone in jedem Fall vorher heiß ab und trocknen Sie sie.

Kaufen Sie nur Zitronen, die keine schimmeligen Stellen an der Schale aufweisen und die ausgereift sind. Zitrusfrüchte reifen nämlich nicht nach! Ob eine Zitrone reif ist, erkennen Sie an einem intensiven Geruch und daran, dass die Schale bei leichtem Drücken etwas nachgibt. Die gelbe Farbe ist nicht unbedingt ein Merkmal des Reifegrades. Bio-Zitronen sind manchmal grün, aber trotzdem reif.

WIE GESUND IST ZITRONE?

Zitronen enthalten eine ordentliche Portion an Vitamin C und stärken so das Immunsystem. Eine Zitrone deckt mit 100 bis 135 mg ca. die Hälfte des empfohlenen Tagesbedarfs an Vitamin C eines gesunden Erwachsenen ab. Vitamin C ist an vielen Stoffwechselprodukten beteiligt und für den menschlichen Körper essenziell. Außerdem wirkt Vitamin C antioxidativ und schützt den Körper so vor freien Radikalen, die die Zellen schädigen können. Es ermöglicht dem Körper auch, giftige Substanzen so zu verstoffwechseln, dass diese ausgeschieden werden können. Die Eisenaufnahme wird ebenfalls unterstützt. Die Zitrone enthält zudem weitere wichtige Vitamine, Mineralstoffe und sekundäre Pflanzenstoffe, die beispielsweise das Immunsystem stärken, den Blutdruck senken und die Wundheilung sowie die Darmgesundheit fördern. Ein Glas Zitronenwasser am Tag wirkt sich durchaus positiv auf den Körper aus: Durch das Vitamin C wird das Immunsystem gestärkt, der Säureanteil im Körper wird wegen der basischen Wirkung ausgeglichen, warmes Zitronenwasser stärkt Leber und den Regenerationsprozess sowie die Zellerneuerung. Am Morgen bringt Zitronenwasser Antioxidantien in den Körper, die der Hautalterung vorbeugen. Zudem wirkt ein Glas nach dem Aufstehen und/oder vor dem Schlafengehen sättigend und kann beim Abnehmen helfen, weil auch die Fettverbrennung angekurbelt wird. Im Übrigen ist die Zitrone mit gerade einmal 39 kcal auf 100 g sehr kalorienarm!

WIE VIEL ZITRONE AM TAG IST GESUND?

Trotz der Wichtigkeit von Vitamin C für unseren Körper ist es nicht sinnvoll, die empfohlene tägliche Menge deutlich zu überschreiten. Nicht benötigte Mengen werden vom Körper über den Urin ausgeschieden. Im Falle einer staken Überdosierung kann es die Wahrscheinlichkeit für Nieren- oder Blasensteine fördern. Im Allgemeinen wird also empfohlen, pro Tag eine halbe bis eine Zitrone zu verzehren oder deren Saft, mit Wasser oder Fruchtsaft verdünnt, zu trinken.

ZITRONE PUR ESSEN

Es gilt als besonders gesund, Zitronen pur zu essen. Im Regelfall stimmt das auch, weil die Vitamine der Zitrone vollständig erhalten und nicht durch das Kochen zum Teil verloren gegangen sind. Es gilt lediglich zu beachten, ob Sie Zitronen pur auch vertragen. Manche Menschen haben beispielsweise mit der in der Zitrone enthaltenen Säure Probleme, was sich in Magenschmerzen äußern kann. Auch kann der Zahnschmelz bedroht sein, weshalb Sie ungefähr eine Stunde nach dem Verzehr die Zähne putzen sollten. Wenn Sie Zitronen bisher noch nicht pur verzehrt haben, starten Sie zunächst nur mit einem kleinen Stück und schauen Sie, ob und wie Ihr Körper reagiert. Wenn Sie keine Probleme bemerken, steht dem Verzehr nichts im Wege!

AUFBEWAHRUNG

Lagern Sie Zitronen am besten an einem dunklen Ort bei Temperaturen zwischen 10 und 15 °C. Dann halten sie sich mehrere Wochen. Bei Raumtemperatur sollten die Zitronen in einer Woche verzehrt werden.

RESTEVERWERTUNG UND HAUSHALTSMITTEL

Oft wird beim Kochen nur der Saft der Zitrone oder die Schale verwendet. Was kann man also mit den Zitronenresten tun? Zitronen können auch im Haushalt kleine Helfer sein! Geben Sie beispielsweise eine halbe Zitrone mit in die Spülmaschine, dann duftet das Geschirr nach dem Spülvorgang herrlich frisch nach Zitrone! Zudem hat die in der Zitrone enthaltene Säure einen klarspülenden Effekt, ohne jegliche Umweltbelastung. Um den Wasserkocher zu entkalken, reiben Sie an den verkalkten Stellen mit der Innenseite der Zitrone. Füllen Sie dann 1 Liter Wasser dazu und kochen dies mit den Zitronenstücken auf. Danach 15 Minuten stehen lassen und den Wasserkocher mit kaltem Wasser ausspülen. Das Gleiche funktioniert bei der Kaffeemaschine!

Auch beim Putzen ist Zitronensaft ein kleines Wundermittel, wenn es um das Polieren eines Spiegels geht. Dafür mit der Innenseite der Zitrone in kreisenden Bewegungen den Spiegel polieren und diesen anschließend mit kaltem Wasser abspülen und trocknen. So lassen sich auch Schmutzränder auf Badfliesen entfernen!

Ein weiterer Tipp für die Verschmutzung von Tassen durch Tee- oder Kaffeeablagerungen: Verwenden Sie eine ausgepresste halbe Zitrone und streuen Sie etwas Salz auf die Zitrone. Reiben Sie damit in der Tasse.

Im Übrigen lässt sich aus Zitronensaft und Essig ein Allzweckreiniger herstellen, mit dem sich zahlreiche Oberflächen reinigen lassen! Geben Sie dafür die Zitronenschale in Stücken dicht in ein Gefäß und bedecken Sie diese mit unverdünntem Tafelessig. Verschließen Sie nun das Glas und lassen Sie alles 2 bis 3 Wochen ziehen. Ab und zu sollten Sie das Gefäß schütteln und ggf. Essig nachfüllen, um Schimmel zu vermeiden. Dass der Reiniger fertig ist, erkennen Sie an der dunkleren Färbung und dem Duft nach Zitrone. Sie können ihn direkt unverdünnt anwenden!

Frühstück

MÜSLISCHALE MIT ZITRONEN-BUTTERMILCH

4 Port.

10 Min.

Leicht

Zutaten

2 Zitronen
2 Orangen
180 g Getreideflocken
35 g getrocknete Aprikosen
25 g Cranberrys
35 g getrocknete Apfelringe
4 TL Agavendicksaft
25 g Pistazien
600 ml Buttermilch
25 g Kürbiskerne

Nährwerte p. P.

413 kcal
70 g Kohlenhydrate
9 g Fett
13 g Eiweiß

1 Apfelringe und Aprikosen hacken, dann mit Cranberrys, Pistazien, Kürbiskernen und Getreideflocken vermengen.

2 Zitronen auspressen, Saft mit Buttermilch verrühren und mit Agavendicksaft süßen. Orangen schälen und in Stücke schneiden.

3 Müsli-Mix auf Schälchen verteilen, Buttermilch zugeben und mit der Orange garnieren.

ZITRONEN-OVERNIGHT-OATS

1 Port. | 3 Std. 10 Min. | Leicht

Zutaten

1 TL Zitronensaft
Abrieb von ½ Zitrone
Ein paar Zitronenscheiben
40 g Zitronenkuchen
120 ml ungesüßte Mandelmilch
95 g Naturjoghurt (3,5 % Fett)
2 TL Kokosflocken
25 g feine Haferflocken
1 TL Chiasamen
¼ TL Vanilleextrakt
1 TL Agavendicksaft
15 g Proteinpulver (optional)

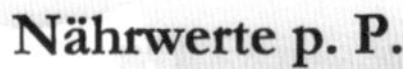

Nährwerte p. P.

461 kcal
67 g Kohlenhydrate
15 g Fett
15 g Eiweiß

1 Zitronenkuchen, bis auf einen kleinen Teil, zerbröckeln. Zitronensaft, Zitronenabrieb, Joghurt, Agavendicksaft, Mandelmilch und Vanilleextrakt in einem Glas vermengen. Proteinpulver einrühren.

2 Haferflocken, Zitronenkuchen und Kokosflocken unterheben. Über Nacht oder mindestens 3 Stunden kühl stellen.

3 Erneut durchrühren und mit übrigem Zitronenkuchen, Chiasamen und Zitronenscheiben garnieren.

RICOTTA-ZITRONEN-PANCAKES

4 Port. 15 Min. Leicht

Zutaten

Abrieb von einer Zitrone
3 Eier
160 g Ricotta
110 g Butter
110 g Weizenmehl
¼ TL Backpulver
¼ TL Backsoda
1 EL Zucker
½ TL Salz
Etwas Kokosöl

Nährwerte p. P.

484 kcal
26 g Kohlenhydrate
38 g Fett
11 g Eiweiß

1 Eier trennen, Eiweiß steif schlagen. Backpulver mit Mehl, Backsoda und Salz vermengen. Butter zerlassen.

2 Eigelbe, Zucker, Zitronenabrieb, Butter und Ricotta zur Mehlmischung geben und alles verrühren. Eiweiß unterheben.

3 Etwas Öl in einer Pfanne erhitzen und jeweils 2 - 3 TL Teig als Kleckse hineingeben. Etwas verteilen und von beiden Seiten je 2 Minuten zu Pancakes backen. So verfahren, bis der Teig aufgebraucht ist.

FRÜHSTÜCKSDRINK

4 Port.

15 Min.

Leicht

Zutaten

7 EL Zitronensaft
4 Pfirsiche
310 ml Vollmilch
6 EL Honig
310 g Naturjoghurt (3,5 % Fett)
260 g Brombeeren
4 EL Instant-Haferflocken

Nährwerte p. P.

308 kcal
56 g Kohlenhydrate
7 g Fett
10 g Eiweiß

1 Pfirsiche säubern, entsteinen und drei Pfirsiche in grobe Stücke schneiden. Joghurt, Haferflocken, 4 EL vom Honig und vom Zitronensaft mit der Milch fein mixen.

2 Brombeeren säubern und 210 g mit 2 EL Zitronensaft und Honig ebenfalls mixen. Ggf. durch ein Sieb streichen und auf 4 Gläser verteilen.

3 Pfirsichmilch in die Gläser füllen. Übrigen Pfirsiche in dünne Spalten schneiden, mit dem übrigen Zitronensaft beträufeln und im Wechsel mit den restlichen Beeren auf einen Holzspieß stecken. Diese in die Gläser geben und genießen.

Tipp: Der Drink schmeckt auch mit anderen Früchten und Beeren toll!

VOLLKORNBROT MIT HÜTTENKÄSE UND KRÄUTERN

2 Port. 10 Min. Leicht

Zutaten

4 Spritzer Zitronensaft
4 Scheiben Vollkornbrot
2 EL Butter
2 TL gezupfte Kresse
4 Radieschen (in Scheiben)
160 g Hüttenkäse
2 TL gehackter Schnittlauch
2 TL gehackte Petersilie
½ Handvoll grob gehackten Rucola
Etwas Walnuss- oder Olivenöl
Etwas Balsamico-Creme
Fleur de Sel und Pfeffer

Nährwerte p. P.

491 kcal
40 g Kohlenhydrate
31 g Fett
16 g Eiweiß

1 Brotscheiben mit Butter bestreichen, dann Hüttenkäse darauf verteilen. Radieschen säubern, in dünne Scheiben schneiden und mit Rucola auf den Brotscheiben verteilen.

2 Mit Fleur de Sel und Pfeffer würzen. Etwas Öl, Balsamico-Creme und Zitronensaft obendrüber träufeln. Mit Kresse und Petersilie garnieren.

FRISCHE ZITRONENMARMELADE

20 Port.

12 Std.
50 Min.

Leicht

Zutaten

1 kg Zitronen
1 kg Zucker
Wasser

Nährwerte p. P.

208 kcal
55 g Kohlenhydrate
0 g Fett
1 g Eiweiß

1 Zitronen heiß abbrausen und Schale abreiben. Weiße Haut ablösen und die geschälten Zitronen klein schneiden. Mit dem Abrieb und ohne Kerne in einen Topf geben.

2 Wasser zugeben, bis alles bedeckt ist. Geschlossen über Nacht durchziehen lassen.

3 Dann einmal aufkochen lassen und bei wenig Temperatur 35 Minuten köcheln lassen. Zucker zufügen und noch einmal ein paar Minuten stark kochen lassen.

4 Wenn die Marmelade die gewünschte Konsistenz erreicht hat, in Gläser abfüllen und umgedreht erkalten lassen.

PROTEIN-HAFERKEKSE

2 Port.

15 Min.

Leicht

Zutaten

Abrieb von einer Zitrone
95 g zarte Haferflocken
2 Eier (verquirlt)
55 g Stevia
50 g Vanilleproteinpulver
10 g Mohn
30 g weiße Schokolade (optional)

Nährwerte p. P.

544 kcal
63 g Kohlenhydrate
16 g Fett
34 g Eiweiß

1 Haferflocken mit Stevia, Proteinpulver und Mohn in eine Schale geben und vermischen. Eier und Zitronenabrieb zugeben und unterrühren.

2 Mit einem Löffel Häufchen auf ein mit Backpapier belegtes Blech setzen und etwas flach drücken. Anschließend im heißen Ofen bei 165 °C Ober-/Unterhitze ca. 6 Minuten backen.

3 Kekse 5 Minuten lang abkühlen lassen, dann mit der geschmolzenen weißen Schokolade dekorativ überziehen.

MÜSLI-MUFFINS MIT ZITRONE

4 Port.

25 Min.

Leicht

Zutaten

75 ml Zitronensaft
2 EL Zitronenabrieb
95 g Dinkelmehl
2 TL Mohn
60 g Kokosblütenzucker
70 g gemahlene Mandeln
1 Prise Salz
1 TL Backpulver
40 g Basis-Müsli
3 Eier
95 ml Ahornsirup
55 ml Vollmilch
2 EL Kokosöl

Nährwerte p. P.

493 kcal
56 g Kohlenhydrate
24 g Fett
13 g Eiweiß

1 Mehl mit Müsli-Mix, gemahlenen Mandeln, Zucker, Backpulver, Zitronenabrieb, Mohn und Salz mischen. Ei, Sirup, geschmolzenes Kokosöl, Milch und Zitronensaft unterrühren.

2 Teig auf Muffinformen verteilen und im vorgeheizten Ofen bei 155 °C Umluft ca. 20 Minuten backen. Danach erkalten lassen.

Tipp: Anstelle von Ahornsirup und Kokosblütenzucker kann auch Agavensirup und Rohrzucker verwendet werden!

Salate

LEICHTER ZITRONEN-SALAT

1 Port.

40 Min.

Leicht

Zutaten

2 Zitronen
2 EL weiße Crema di Balsamico
30 ml Olivenöl
1 Prise Zucker
Etwas Salz und Pfeffer

Nährwerte p. P.

329 kcal
24 g Kohlenhydrate
27 g Fett
1 g Eiweiß

1 Zitronen gut säubern und mit der Schale in feine Scheiben schneiden. Kerne entfernen. Scheiben in eine Schale geben und mit Balsamico, Öl, Zucker, Salz und Pfeffer mischen.

2 Salat eine Weile ziehen lassen, dann zu Fisch oder Fleisch reichen.

Tipp: Zitronen mit einer dickeren weißen Schale eignen sich für den Salat besser, weil sie einen kleineren Fruchtkern aufweisen und die Schale nicht so bitter ist. Dann kann der Salat sogar einen zusätzlichen Spritzer Zitronensaft vertragen! Wenn handelsübliche Zitronen verwendet werden, muss etwas mehr Zucker genommen werden.

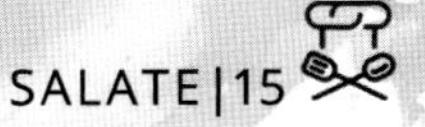

BEEREN-NUSS-SALAT MIT KARAMELLISIERTER ZITRONE

4 Port.

10 Min.

Leicht

Zutaten

4 Zitronen
4 Römersalatherzen
½ Bund Minze
40 g Haselnüsse
55 g Honig
75 g Blaubeeren
4 EL Butter
Salz

Nährwerte p. P.

343 kcal
42 g Kohlenhydrate
20 g Fett
10 g Eiweiß

1 Salat säubern und vierteln. Minze abbrausen und Blätter hacken. Beeren säubern. Zitronen schälen und Filets herausschneiden. Nüsse hacken. In der Butter 1 Minute lang rösten.

2 Dann Salat, Minze, Zitronenfilets und Honig zufügen und eine weitere Minute in der Pfanne bei mittlerer Temperatur schwenken.

3 Alles salzen, in eine Schale geben und mit Blaubeeren anrichten.

ZITRONEN-GARNELEN-SALAT

4 Port.

20 Min.

Leicht

Zutaten

Für den Salat:
1 Zitrone
1 EL Olivenöl
1 Salatbeutel Bouquet von Betty Bossi (250 g)
1 Chilischote
1 Knoblauchzehe
310 g kleine Garnelen
1 Baguette
Salz und Pfeffer

Für das Dressing:
Saft von ½ Zitrone
75 ml Olivenöl
1 EL Balsamicoessig
2 TL gehackte Petersilie

Nährwerte p. P.

396 kcal
26 g Kohlenhydrate
25 g Fett
18 g Eiweiß

1 Zitrone in feine Scheiben schneiden. In der Hälfte des Öls anbraten, dann zur Seite stellen.

2 Pfanne trocken tupfen, dann halbierte Knoblauchzehe und entkernte, gehackte Chilischote im übrigen Öl erhitzen. Garnelen mitbraten und salzen und pfeffern.

3 Für das Dressing Öl mit Essig, Zitronensaft und Petersilie verrühren. Salat in einer Schale mit Zitronenscheiben und Dressing vermengen. Garnelen darauf anrichten und Baguette dazureichen.

SÜßER SALAT MIT ZITRONEN-THYMIAN-HÄHNCHEN

4 Port.

6 Std. 50 Min.

Leicht

Zutaten

Für das Hähnchen:
1 Zitrone (in Scheiben)
Saft von 2 ½ Zitronen
2 EL Thymian
780 g Hähnchenkeulen und Hähnchenschenkel mit Haut
1 Knoblauchzehe
140 ml Olivenöl
10 g Akazienhonig
30 g Dijon-Senf
Salz und Pfeffer

Für den Salat:
140 g Ananas (TK oder aus der Dose, in Stücken)
140 g Mango (TK, in Stücken)
95 g gegrillte Paprika
95 g vorgekochte schwarze Bohnen
Etwas frischen Blattspinat
Salz und Pfeffer

Für das Dressing:
45 g Schalotten
Etwas geröstete Kokosflocken
25 g Agavensirup
2 Limetten
Salz und schwarzer Pfeffer

Nährwerte p. P.

891 kcal
37 g Kohlenhydrate
55 g Fett
60 g Eiweiß

1 Öl, Zitronensaft, Thymian, 15 g Senf und Honig vermengen. Mit Salz und Pfeffer würzen. Knoblauchzehe hacken und dazugeben. Hähnchen für 6 Stunden in die Marinade legen.

2 Hähnchen bei 175 °C Ober-/Unterhitze im heißen Ofen mit den Zitronenscheiben auf einem mit Backpapier ausgelegten Blech 35 Minuten backen, bis sie schön geröstet sind.

3 Mango und Ananas auftauen lassen. Paprika und Bohnen kurz anbraten, dann erkalten lassen und salzen und pfeffern.

4 Für das Dressing Schalotten schälen und fein hacken. Limetten auspressen. Mit den übrigen Zutaten mischen.

5 Dressing in eine Schale füllen. Früchte und Blattspinat zugeben. Zuletzt das Gemüse darübergeben. Salat mit Hähnchen servieren.

SPARGELSALAT MIT ZITRONEN-SENF-DRESSING

3 Port.

30 Min.

Leicht

Zutaten

Saft von ½ Zitrone
1 TL Zucker
410 g weißer Spargel
½ TL Senf
2 TL Butter
4 EL Öl
30 ml Weißweinessig
½ Bund Schnittlauch
½ Bund Petersilie
1 Schalotte
Salz und Pfeffer

Nährwerte p. P.

251 kcal
8 g Kohlenhydrate
25 g Fett
2 g Eiweiß

1 Wasser im Topf aufkochen. Spargel säubern, schälen und Enden abschneiden. Dann in Stücke schneiden. Butter mit ½ TL Zucker und etwas Salz in den Topf geben und Spargel darin 8 - 12 Minuten kochen.

2 Spargel durch ein Sieb abgießen, dabei 4 EL von dem Spargelwasser abfangen und in eine Schale geben.

3 Schalotte schälen und hacken. Schnittlauch und Petersilie säubern und ebenfalls hacken. Schalotte in eine Schale geben und Zitrone darüber auspressen. Mit Öl, Senf, Essig und übrigem Zucker gut durchrühren. Dann salzen und pfeffern.

4 Abgekühltes Spargelwasser mit gehackten Kräutern zum Dressing geben und untermischen. Erneut abschmecken. Spargel unterheben und Salat auf Tellern verteilen.

TOMATENSALAT MIT ZWIEBEL-ZITRONENDRESSING

2 Port. 10 Min. Leicht

Zutaten

30 ml Zitronensaft
1 Zwiebel
6 kleine Strauchtomaten
3 EL Pflanzenöl
2 TL Zucker

Nährwerte p. P.

228 kcal
12 g Kohlenhydrate
20 g Fett
1 g Eiweiß

1 Tomaten säubern und in Scheiben schneiden. In eine flache Schale schichten.

2 Zwiebel schälen, fein würfeln und auf die Tomaten geben.

3 Für das Dressing Zitronensaft mit Öl und Zucker verrühren, dann über die Tomaten und Zwiebeln geben.

Suppen

MÖHREN-ZITRONEN-SUPPE

 4 Port.

 45 Min.

 Leicht

Zutaten

2 Zitronen
730 g Möhren
240 g mehligkochende Kartoffeln
1 Zweig Zitronenmelisse
½ Stange Lauch
45 g Crème fraîche
1 EL Butter
950 ml Gemüsebrühe
Salz und Pfeffer

Nährwerte p. P.

183 kcal
16 g Kohlenhydrate
11 g Fett
2 g Eiweiß

1 Möhren schälen, 140 g davon in sehr dünne Streifen schneiden. Die übrigen Möhren in Stücke schneiden. Lauch längs einschneiden, säubern und in Ringe schneiden. Kartoffeln schälen, säubern und klein schneiden. Zitronen heiß abwaschen, dann die Schale in Streifen abziehen und Saft auspressen.

2 Karottenstücke, Kartoffeln und Lauch in der Butter andünsten. Brühe zufügen. Zitronenmelisse und die Hälfte des Zitronenabriebs ebenfalls untermengen. Alles zum Kochen bringen und in 18 - 22 Minuten geschlossen gar kochen.

3 Zitronenmelisse herausnehmen und Suppe pürieren. Crème fraîche untermischen und alles mit Zitronensaft, Salz und Pfeffer verfeinern.

4 Möhrenstreifen und die übrigen Zitronenzesten in kochendem Salzwasser 1 Minute lang blanchieren, dann abgießen. Die Suppe damit garnieren und servieren.

EXOTISCHE FISCHSUPPE

4 Port.

20 Min.

Leicht

Zutaten

1 Zitrone
210 g Garnelen
3 Kardamomkapseln
½ TL Rohrzucker
1 Schalotte
310 ml Fischfond
55 ml trockener Weißwein
3 TL Krebsbutter
55 ml Tomatensaft
1 Sternanis
Etwas Koriander (gemahlen)
Salz und Pfeffer

Nährwerte p. P.

145 kcal
8 g Kohlenhydrate
1 g Fett
19 g Eiweiß

Tipp: Dazu passt Weißbrot!

1 Zitrone heiß abwaschen, dann Schale abschälen und die Schale in dünne Streifen schneiden. Die Hälfte der Zitrone auspressen und die Garnelen mit dem Saft beträufeln.

2 Schalotte schälen und hacken. In der Krebsbutter anschwitzen. Nach ein paar Minuten Wein, Fond und Tomatensaft zugeben. Zum Ko-chen bringen, dann Zitronenabrieb, Zucker und Gewürze untermengen und mit Salz und Pfeffer gut abschmecken.

3 Garnelen für 3 Minuten in der heißen Suppe garen, dann die Suppe auf Teller geben und genießen.

JOGHURT-ZITRONEN-SUPPE MIT KICHERERBSEN

4 Port.

40 Min.

Leicht

Zutaten

1 Zitrone
2 Zwiebeln
140 g Kichererbsen (aus der Dose)
310 g Zucchini
1 Prise Kurkuma
2 Knoblauchzehen
2 TL Rapsöl
1 Ei
5 Zweige Minze
1 Prise Kurkuma
210 g Naturjoghurt (1,5 % Fett)
620 ml klare Hühnerbrühe
1 TL Kreuzkümmel (gemahlen)
Salz und Pfeffer

Nährwerte p. P.

173 kcal
20 g Kohlenhydrate
6 g Fett
9 g Eiweiß

1 Zwiebeln schälen und in dünne Ringe schneiden. Zucchini säubern und quer in breitere Scheiben schneiden. Knoblauch schälen und hacken. Kichererbsen abgießen, kalt abwaschen und abtropfen lassen.

2 Zwiebel, Knoblauch und Kümmel in dem Öl in einem Topf andünsten. Brühe zugeben, dann Zucchini und Kichererbsen untermengen und mit Kurkuma verfeinern. Zum Kochen bringen und dann bei wenig Temperatur 8 - 12 Minuten geschlossen köcheln lassen.

3 Zitrone auspressen und den Saft mit dem Joghurt und dem Ei gut verrühren. Minze abbrausen und Blätter abzupfen.

4 Suppe von der Platte nehmen und 15 Minuten abkühlen lassen. Dann die Joghurtmasse einrühren, salzen und pfeffern und auf Tellern verteilen. Mit der Minze garnieren.

HÜHNERSUPPE

6 Port.

30 Min.

Leicht

Zutaten

2 Zitronen
1 Zwiebel
30 ml Olivenöl
1 Bund Petersilie
420 g Hühnerbrust
95 g Reis
1,4 l Hühnerfond
3 Eier
Salz und weißer Pfeffer

Nährwerte p. P.

234 kcal
18 g Kohlenhydrate
8 g Fett
22 g Eiweiß

1 Zwiebel schälen, klein schneiden und im Öl anbraten. Reis zugeben und mit dem Fond ablöschen. Alles 14 - 16 Minuten köcheln lassen.

2 Währenddessen Hühnerfleisch in Stücke schneiden. ½ l Wasser in einem kleinen Topf aufkochen und das Fleisch 2 – 3 Minuten darin kochen. Anschließend herausnehmen und zur Seite stellen.

3 Eier aufschlagen und in eine Schale geben. Eine Schöpfkelle Brühe zugeben und gut untermischen. Dann die Mischung zur Suppe geben, alles erneut aufkochen lassen und das Fleisch in die Suppe geben.

4 Schale von einer Zitrone abreiben und zur Suppe geben. Saft danach auspressen und unterrühren. Die andere Zitrone in feine Scheiben schneiden und in die Suppe legen. Petersilie hacken und auf die Suppe streuen. Alles salzen und pfeffern.

PIKANTE ZUCCHINI-SUPPE

4 Port.

25 Min.

Leicht

Zutaten

1 Zitrone
4 Zucchini
1 Zwiebel
2 TL Butter
520 ml Gemüsebrühe
30 ml Olivenöl
1 Knoblauchzehe
6 Zweige Zitronenmelisse
1 getrocknete rote Chilischote
1 Becher Schmand
45 ml Weißwein
1 Prise Zucker
Salz und Pfeffer

Nährwerte p. P.

273 kcal
15 g Kohlenhydrate
22 g Fett
5 g Eiweiß

1 Zwiebel schälen und klein schneiden. Knoblauch schälen und hacken. Zucchini säubern und in Scheiben schneiden. Schale der Zitrone abreiben und Saft auspressen. Melissenblätter abzupfen und in Streifen schneiden.

2 Zwiebeln und Knoblauch in der Butter anschwitzen. Öl zufügen und Zucchini mit in den Topf geben. Mit Brühe und Wein ablöschen, dann 4 - 6 Minuten köcheln lassen.

3 Zitronenabrieb und Saft unterrühren, dann die Suppe pürieren. Mit Salz, Pfeffer, Zucker und gehacktem Chili abschmecken.

4 Vor dem Servieren Schmand einrühren und Melissenblätter auf die Suppe streuen.

Tipp: Statt Zitronenmelisse kann auch Minze verwendet werden! Die Suppe schmeckt auch kalt!

KARTOFFEL-SUPPE MIT PESTO-FELDSALAT-TOPPING

4 Port.

35 Min.

Leicht

Zutaten

Für das Pesto:
10 g Pinienkerne
Abrieb von ½ Zitrone
40 g Feldsalat
6 EL Rapsöl
10 g Pecorino (fein gerieben)
Salz und Pfeffer

Für die Suppe:
1 Zitrone
45 g Zwiebeln
780 ml Gemüsefond
30 ml Olivenöl
390 g mehligkochende Kartoffeln
140 g Sahnejoghurt
Salz und Pfeffer

Nährwerte p. P.

406 kcal
25 g Kohlenhydrate
33 g Fett
4 g Eiweiß

1 Für das Pesto Pinienkerne ohne Fett goldbraun braten, dann abkühlen lassen. Salat säubern und grob schneiden. Mit Pinienkernen, Zitronenabrieb, Öl und Pecorino in einem Blitzhacker mit etwas Salz und Pfeffer mixen. In ein Glas umfüllen und zur Seite stellen.

2 Für die Suppe Kartoffeln schälen und in ca. ½ cm dicke Scheiben schneiden. Zwiebeln schälen, klein schneiden und im Öl anbraten. Fond zugeben, dann die Kartoffeln untermischen und geschlossen 14 bis 16 Minuten köcheln lassen.

3 Schale von der Zitrone abreiben und Saft auspressen. 2 - 3 TL Zitronenabrieb zur Suppe geben, dann alles fein pürieren. 2 - 3 EL Zitronensaft sowie Salz und Pfeffer zugeben. Joghurt untermengen und Suppe auf Tellern verteilen. Je 2 - 3 TL des Pestos auf die Suppe träufeln. Das übrig gebliebene Pesto zur Suppe reichen.

SPARGEL-FISCH-SUPPE MIT ZUCKERSCHOTEN

4 Port.

30 Min.

Leicht

Zutaten

1 Zitrone
310 g grüner Spargel
1 Stück rote Chilischote
2 EL Fischsoße
95 g Zuckerschoten
95 ml Weißwein
820 ml Kokosmilch (aus der Dose)
240 ml Wasser
95 g Frühlingszwiebeln
310 g weißes Fischfilet
5 Zitronenblätter
10 Blätter Zitronenmelisse
1 Prise Zucker
Salz

Nährwerte p. P.

519 kcal
12 g Kohlenhydrate
45 g Fett
19 g Eiweiß

1 Spargel säubern, schälen und Enden abschneiden. Dann in Stücke schneiden. Zuckerschoten säubern, Frühlingszwiebeln auch säubern und in Ringe schneiden. Chili säubern, entkernen und in feine Ringe schneiden.

2 Zitrone heiß abwaschen, Schale abreiben und die Hälfte der Zitrone auspressen. Fisch kalt abspülen, trocken tupfen, in Stücke schneiden und mit Zitronensaft und Fischsoße beträufeln.

3 Wasser mit Zucker und etwas Salz zum Kochen bringen. Spargel darin 4 - 6 Minuten kochen. Dann Kokosmilch und Wein hinzufüllen. Anschließend Zitronenblätter, Gemüse und Zitronenabrieb zugeben. Weitere 4 - 6 Minuten ziehen lassen.

4 Gehackte Chili zufügen, Suppe abschmecken und Zitronenmelisse säubern, trocken schütteln und vor dem Servieren auf die Suppe streuen.

Brote

ZITRONENBROT MIT ROSMARIN

4 Port.

19 Std.

Mittel

Zutaten

Für den Vorteig:
65 g Weizenmehl (Type 550)
0,5 g Frischhefe
40 ml Wasser

Für das Mehlkochstück:
95 ml Wasser
20 g Hartweizengrieß

Für den Hauptteig:
Vorteig und Mehlkochstück
460 g Weizenmehl (Type 550)
260 ml Wasser

Außerdem:
2 TL Zitronenabrieb
4 g Frischhefe
10 g Salz
2 TL gehackter Rosmarin

Nährwerte p. P.

482 kcal
98 g Kohlenhydrate
2 g Fett
15 g Eiweiß

1 Für den Vorteig am Tag vorher alle Zutaten verkneten und den Teig 2,5 Stunden bei Zimmertemperatur ruhen lassen, dann über Nacht in den Kühlschrank stellen.

2 Am selben Tag für das Mehlkochstück den Grieß und das Wasser in einem kleinen Topf unter Rühren zum Kochen bringen. So lange rühren, bis ein Brandteig entstanden ist. Anschließend abkühlen lassen und bis zum nächsten Tag auch in den Kühlschrank stellen.

3 Am nächsten Tag Vorteig mit Mehlkochstück, Wasser und Mehl mit der Küchenmaschine verkneten und 15 Minuten stehen lassen.

4 Übrige Zutaten zufügen und den Teig 8 Minuten lang fertig kneten. Dann erneut 90 Minuten bei Zimmertemperatur ruhen lassen, dabei zweimal nach je einer halben Stunde dehnen und falten.

5 Teig vorsichtig länglich formen und in ein Gärkörbchen setzen. Noch einmal 60 – 70 Minuten gären lassen.

6 Backofen mit Backblech auf unterster Ebene auf 240 °C Ober-/Unterhitze vorheizen. Den Teigling auf das heiße Blech kippen. Wasser an die Ofenwände spritzen und den Teigling 10 Minuten backen. Dann kurz die Backofentür öffnen und die Temperatur auf 210 °C verringern.

7 Nach weiteren 10 Minuten auf 190 °C verringern und noch einmal 10 Minuten backen. Dann auf 175 °C Hitze reduzieren und in 18 - 22 Minuten fertig backen. Auf einem Gitter erkalten lassen.

DINKEL-PIZZABROT MIT ZITRONE

4 Port.

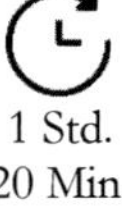
1 Std.
20 Min.

Leicht

Zutaten

2 Zitronen
310 g Dinkelmehl (Type 1050)
20 g frische Hefe
1 TL Salz
170 ml lauwarmes Wasser
10 Zweige Thymian
8 EL Olivenöl
Etwas Fleur de Sel

Nährwerte p. P.

523 kcal
57 g Kohlenhydrate
28 g Fett
11 g Eiweiß

1 Mehl in eine Schale sieben, Salz zugeben und Hefe im Wasser auflösen. Hefe-Mischung und 1 EL Öl mit einem Knethaken unter das Mehl rühren. Für 4 - 6 Minuten kneten, dann mit einem Tuch abdecken und an einem warmen Ort für ca. 40 Minuten gehen lassen.

2 Zitronen heiß abwaschen und in feine Scheiben schneiden. Thymian abbrausen. Ofen auf 220 °C Ober-/Unterhitze vorheizen.

3 Backblech mit 3 EL Öl einfetten und mit etwas Mehl bestreuen. Teig durchkneten und auf dem Blech gleichmäßig verteilen. Zitronenscheiben darauflegen, etwas salzen und Thymianblätter obendrauf verteilen. Mit dem übrigen Öl beträufeln.

4 Fladen noch einmal 8 - 12 Minuten ruhen lassen, dann ca. 20 Minuten auf unterster Ebene goldbraun backen.

ZITRONEN-HEFEBROT MIT ROSINEN

4 Port.

1 Std. 40 Min.

Leicht

Zutaten

2 Zitronen
2 Eier
140 g Rosinen
410 g Weizenmehl
110 g + 1 Prise Zucker
210 ml Vollmilch
10 g Salz
100 g Butter
30 g Hefe

Nährwerte p. P.

860 kcal
142 g Kohlenhydrate
26 g Fett
20 g Eiweiß

1 Zitrone heiß abbrausen und abtrocknen. Schale abreiben und Saft von einer Zitrone auspressen. Milch Raumtemperatur annehmen lassen.

2 Mehl in eine Schale geben, mittig eine Mulde eindrücken, dort Hefe hineinbröckeln und mit Milch, 1 Prise Zucker und etwas Mehl von außen verrühren. Vorteig zugedeckt 18 - 22 Minuten ruhen lassen.

3 Übrigen Zucker mit Zitronensaft und -abrieb, Butter, Eiern und Salz zufügen und verrühren. Teig 8 Minuten mit der Küchenmaschine kneten. Am Ende die Rosinen unterarbeiten.

4 Teig auf einer bemehlten Arbeitsfläche 18 - 22 Minuten zugedeckt gehen lassen. Dabei zweimal an den Seiten rund formen.

5 Teig in eine gefettete Form geben und zugedeckt noch einmal 35 Minuten ruhen lassen. Backofen auf 195 °C Ober-/Unterhitze erhitzen und ein mit Wasser benetztes Blech mit erhitzen.

6 Wenn die Temperatur erreicht ist, dieses herausnehmen und das Brot in den heißen Ofen stellen. Temperatur auf 175 °C verringern und das Brot in ca. 40 Minuten fertig backen.

ZIMT-ZITRONEN-BROT

5 Port.

14 Std. 40 Min.

Leicht

Zutaten

Für den Teig:
Abrieb von einer Zitrone
440 g Weizenmehl (Type 550)
1 Ei
170 ml Vollmilch
65 g Zucker
65 g Butter
3 g Hefe
1 gestrichener TL Salz

Für die Füllung:
Abrieb von 4 Zitronen
4 EL Zimt und Zucker gemischt

Nährwerte p. P.

631 kcal
110 g Kohlenhydrate
14 g Fett
15 g Eiweiß

1 Am Vortag Milch und Butter im Topf erhitzen. Dann lauwarm abkühlen lassen und Hefe mit 30 ml der Milch vermischen. Mehl und Zitronenabrieb verrühren und in eine Schale geben. Mittig eine Mulde formen, wo die Hefe-Milch hineingegeben wird. Abgekühlte Butter-Milch-Mischung zugeben und alles gut verrühren. Zucker, Salz und Ei unterkneten, dann 60 Minuten bei Raumtemperatur gehen lassen. Anschließend im Kühlschrank über Nacht weiter ruhen lassen.

2 Teig aus dem Kühlschrank nehmen und 30 Minuten stehen lassen. Auf einer bemehlten Fläche zu einem Rechteck mit den Maßen 40 × 30 cm ausrollen. Seitenränder gerade abschneiden und aus dem Teig sechs Rechtecke schneiden. Auf drei davon die Zucker-Zimt-Mischung und Zitronenabrieb verteilen.

3 Rechtecke ohne Zimt auf die anderen Rechtecke legen und nach der Ziehharmonika-Technik dreimal falten. Teiglinge hintereinander in eine mit Mehl bestäubte und mit Backpapier ausgelegte Kastenform geben.

4 Brot im heißen Ofen bei 175 °C Ober- /Unterhitze auf mittlerer Ebene ca. 45 Minuten backen. Etwas abkühlen lassen und aus der Form lösen.

MANDELBRÖTCHEN

8 Port. 45 Min. Leicht

Zutaten

Abrieb von ½ Zitrone
215 g gemahlene Mandeln
1 ½ Pck. Backpulver
5 Eier
40 g gemahlene Flohsamenschalen
65 g Butter
45 g neutrales oder Vanilleproteinpulver
4 Tropfen Rumaroma
½ TL gemahlene Vanille
1 Msp. Kardamom (gemahlen)
Süßstoff
1 Prise Salz

Nährwerte p. P.

300 kcal
4 g Kohlenhydrate
25 g Fett
12 g Eiweiß

1 Mandeln, Proteinpulver, Flohsamenschalen und Backpulver mischen. In einer weiteren Schale Butter cremig rühren und nach und nach Eier zugeben. Dabei das letzte Ei trennen und nur das Eiweiß unterrühren. Die trockenen Zutaten unterrühren. Dann Vanille, Zitronenabrieb, Kardamom, Salz und Rumaroma zugeben. Nach Belieben süßen.

2 Mit feuchten Händen aus dem Teig 8 Brötchen formen und diese auf ein mit Backpapier belegtes Blech setzen. Mit dem übrigen Eigelb einstreichen und oben ein Kreuz in die Brötchen einschneiden.

3 Brötchen im heißen Ofen bei 155 °C Umluft 25 - 30 Minuten goldbraun backen.

Tipp: Die Brötchen sind warm und mit Butter einfach unwiderstehlich! Wer kein Proteinpulver und keine Flohsamenschalen da hat, kann 140 g gemahlene Mandeln und 140 g Weizenmehl verwenden!

HEFE-BRÖTCHEN MIT ZITRONE

5 Port.

1 Std.
10 Min.

Leicht

Zutaten

1 Zitrone
480 g Weizenmehl
25 g Hefe
75 ml Öl
140 g Zucker
190 ml lauwarme Milch
1 Prise Salz

Nährwerte p. P.

630 kcal
105 g Kohlenhydrate
18 g Fett
13 g Eiweiß

1 Mehl in einer Schale mit Salz mischen. Mittig eine Mulde formen und Hefe dort hineinbröseln. Etwas von dem Zucker und die Hälfte der Milch in die Mulde geben und mit etwas Mehl vom Rand zu einem dickflüssigen Vorteig verarbeiten. Abdecken und an einem warmen Ort 14 – 16 Minuten stehen lassen.

2 Zitrone heiß abwaschen, dann die Schale abreiben und den Saft auspressen. Wenn der Teig Blasen aufwirft, übrigen Zucker, Zitronenabrieb und Saft sowie Öl einarbeiten. So viel Milch zufügen, bis ein glatter, elastischer Teig entstanden ist.

3 Aus dem Teig ca. 15 runde Brötchen formen und diese auf ein mit Backpapier ausgelegtes Blech setzen. Weitere 18 – 22 Minuten ruhen lassen.

4 Eine kleine ofenfeste Schale mit heißem Wasser unten in den Ofen stellen, diesen auf 195 °C Ober-/Unterhitze vorheizen und die Brötchen oben einmal einschneiden und mit Wasser einstreichen. Dann in 15 - 20 Minuten goldbraun backen.

Hauptspeisen mit Fleisch

GESCHMORTES ZITRONENHÄHNCHEN

4 Port.

40 Min.

Leicht

Zutaten

1 Zitrone
3 Knoblauchzehen
2 Hähnchenbrustfilets (à 300 g)
3 EL Olivenöl
3 Salbei-Zweige
4 EL Weizenmehl
95 g Kirschtomaten
1 TL Zucker
3 EL Butter
95 ml Weißwein
140 ml Hühnerbrühe
2 TL Kapern
4 Zweige glatte Petersilie
Salz und Pfeffer

Nährwerte p. P.

424 kcal
16 g Kohlenhydrate
21 g Fett
37 g Eiweiß

1 Knoblauch schälen und andrücken. Zitrone heiß abwaschen und in Scheiben schneiden. Salbei abbrausen und Blätter abzupfen. Mehl in einen flachen Teller geben. Fleisch abwaschen, trocken tupfen und waagerecht halbieren. Salzen und pfeffern und in dem Mehl wenden.

2 2 EL Öl in einem flachen Bräter erhitzen, Mehl vom Fleisch etwas abklopfen und Fleisch in dem Bräter beidseitig gut anbraten. Dann herausnehmen.

3 Butter im Bräter schmelzen lassen und Salbei und Knoblauch darin goldgelb braten. Tomaten säubern und kurz mitbraten. Wein zugeben und ein wenig einkochen lassen. Dann Brühe und Kapern zugeben und alles zum Kochen bringen.

4 Fleisch wieder in den Bräter legen, Zucker auf die Zitronenscheiben streuen und auf das Fleisch legen. Alles im heißen Ofen bei 195 °C Ober-/Unterhitze auf mittlerer Ebene 14 - 16 Minuten backen. Währenddessen Petersilie abbrausen und Blätter in Streifen schneiden.

5 Zitronenhähnchen mit übrigem Öl beträufeln und mit der Petersilie bestreuen.

Tipp: Dazu schmeckt frisches Baguette!

KALBSBÄLLCHEN IN EI-ZITRONEN-SOßE

4 Port.

45 Min.

Leicht

Zutaten

Für das Hack:
2 Eier
3 Scheiben Weißbrot (ohne Rinde, vom Vortag)
Wasser
730 g Kalbshackfleisch
1 TL Piment (gemahlen)
Etwas Salz und Pfeffer

Für die Soße:
1 Zitrone
3 Eigelbe
240 ml Wasser
Salz und Pfeffer

Nährwerte p. P.

405 kcal
12 g Kohlenhydrate
21 g Fett
43 g Eiweiß

1 Brot in einer flachen Schale mit Wasser bedecken und 8 Minuten lang einweichen lassen. Wasser danach ausdrücken, Brot in eine Rührschüssel geben und mit Eiern, Hack und Piment verkneten. Salzen und pfeffern.

2 Mit angefeuchteten Händen walnussgroße Bälle formen. Salzwasser aufkochen, Hitze verringern und Bällchen darin 18 - 22 Minuten köcheln lassen.

3 Mit einer Schöpfkelle herausnehmen und warm halten. Währenddessen Eigelb schaumig schlagen. Saft der Zitrone auspressen und mit dem Wasser und etwas Salz und Pfeffer unter die Eier rühren.

4 Soße über dem Wasserbad erhitzen, bis sie dicklich wird. Anschließend in eine beschichtete Pfanne umfüllen, Fleischbällchen zugeben und alles kurz erwärmen. Danach auf Tellern anrichten.

Tipp: Servieren Sie dazu Kartoffelmus oder Reis!

MARINIERTE LAMMLACHSE MIT POLENTA

4 Port.

12 Std. 35 Min.

Leicht

Zutaten

Für das Fleisch:
4 Lammlachse
Salz und Pfeffer

Für die Marinade:
½ Zitrone
2 Schuss Olivenöl
4 Zweige Rosmarin
2 Knoblauchzehen
Pfeffer

Für die Polenta:
140 g Polenta
55 g geriebener Parmesan
1 EL Butter
Salz

Außerdem:
Frisches Basilikum

Nährwerte p. P.

516 kcal
28 g Kohlenhydrate
28 g Fett
39 g Eiweiß

1 Lammlachse abbrausen und trocken tupfen. Zitrone in Scheiben schneiden. Knoblauch schälen und andrücken. Rosmarin abbrausen und Nadeln hacken.

2 Zitronenscheiben, Rosmarin, Knoblauch und Olivenöl mit etwas Pfeffer und dem Fleisch in einen Gefrierbeutel geben und gut mischen. Fleisch über Nacht in den Kühlschrank legen.

3 Knoblauch und Kräuter vom Fleisch abnehmen und dieses abtupfen. Dann in einer Pfanne scharf von jeder Seite 2 Minuten anbraten. Dabei salzen und pfeffern.

4 Lammlachse bei 120 °C Ober-/Unterhitze im heißen Ofen im unteren Drittel 13 - 15 Minuten backen. Herausnehmen und 4 - 6 Minuten stehen lassen.

5 Währenddessen Salzwasser aufkochen, Polenta einrühren, Hitze reduzieren und 12 Minuten quellen lassen. Ab und zu durchrühren. Dann Butter und Parmesan zugeben und unterrühren.

6 Lammlachse und Polenta auf Tellern anrichten. Mit Basilikum bestreut servieren.

Tipp: Nehmen Sie die Lammlachse vor der Weiterverarbeitung rechtzeitig aus dem Kühlschrank, damit sie Zimmertemperatur annehmen kann.

LAMM-ZITRONEN-TAJINE

4 Port. 35 Min. Leicht

Zutaten

3 Zitronen
780 g Lammfleisch
3 g Cumin (zerstoßen)
580 g Zwiebeln
2 Knoblauchzehen
Ein paar Safranfäden
2 g Piment (gemahlen)
1 Bund Koriander
Wasser

Nährwerte p. P.

283 kcal
20 g Kohlenhydrate
6 g Fett
42 g Eiweiß

1 Eine Zwiebel schälen und kochen. Fleisch in Stücke schneiden. Übrige Zwiebeln schälen und in Ringe schneiden. Knoblauch schälen und hacken. Fleisch mit Zitronensaft von einer Zitrone, Gewürzen und Knoblauch vermengen. In der Tajine anschmoren.

2 Fleisch herausnehmen. Zwiebelringe in die Bouillon geben und garen. Fleisch hinzugeben und mit dem Saft der übrigen Zitronen übergießen. Erneut kurz schmoren und genießen.

MARINIERTES WILDSCHWEINFILET

4 Port.

12 Std.
25 Min.

Leicht

Zutaten

2 TL Zitronenabrieb
1 EL Thymian
820 g Wildschweinfilet
210 ml Wildfond
120 ml Portwein
45 g Rosinen
2 TL Akazienhonig
5 EL Olivenöl
75 g kalte Butter (gewürfelt)
1 TL grüner eingelegter Pfeffer
Salz und Pfeffer

Nährwerte p. P.

635 kcal
18 g Kohlenhydrate
39 g Fett
45 g Eiweiß

1 Zitronenabrieb mit Thymian, Honig, Rosinen, Portwein und grünem Pfeffer vermengen. Fleisch säubern und trocken tupfen. Daraus 8 gleich große Scheiben schneiden, diese in die Marinade legen und abgedeckt über Nacht kühl stellen.

2 Fleisch aus der Marinade nehmen und gut trocken tupfen. Dann in Olivenöl in einer Pfanne jeweils 6 - 8 Minuten von jeder Seite braten. Salzen und pfeffern. Herausnehmen und in Alufolie gewickelt noch ein paar Minuten ziehen lassen.

3 Marinade mit Wildfond in der Pfanne 3 Minuten einkochen lassen. Butter mit einem Schneebesen einrühren und alles zum Kochen bringen. Mit Salz und Pfeffer würzen. Mit den Medaillons auf Tellern anrichten.

Tipp: Dazu passen Spätzle und ein Salat!

SCHWEINEKOTELETTS MIT ZITRONENBUTTER UND GEMÜSE

4 Port.

30 Min.

Leicht

Zutaten

Abrieb und Saft von ½ Zitrone
620 g Kartoffeln
210 g Prinzessbohnen
210 g Schneidebohnen
6 EL Olivenöl
4 Schweinekoteletts mit Knochen (à ca. 280 g)
3 EL Butter
6 Knoblauchzehen
Salz und Pfeffer

Nährwerte p. P.

802 kcal
29 g Kohlenhydrate
49 g Fett
61 g Eiweiß

1 Kartoffeln säubern und entweder halbieren oder vierteln. Mit 1 TL Salz und der Hälfte des Öls auf einem mit Backpapier ausgelegten Blech vermengen und verteilen. Dann im heißen Ofen bei 195 °C Umluft 20 bis 25 Minuten knusprig backen.

2 Währenddessen Bohnen abwaschen, Schneidebohnen halbieren und beide in Salzwasser 4 - 6 Minuten garen. Abgießen und mit 1 EL Butter im Topf vermengen. Salzen und warm halten.

3 Knoblauchzehen andrücken. Koteletts abwaschen, trocken tupfen und im übrigen Öl unter Wenden 8 - 12 Minuten braten. Salzen und pfeffern, dann herausnehmen und in Alufolie einwickeln.

4 Übrige Butter im Bratfett zerlassen, Knoblauch zufügen und alles 1 Minute dünsten. Zitronensaft und -abrieb zugeben. Koteletts auf Tellern mit der Zitronenbutter, den Kartoffeln und den Bohnen anrichten.

HACKBRATEN

8 Port.

2 Std.
25 Min.

Leicht

Zutaten

2 Zitronen
½ Salzzitrone (s. Rezept in „Fingerfood/Snacks“)
110 g weiße Quinoa
210 g rote Zwiebeln
4 Zweige Rosmarin
30 g Pinienkerne
55 g eingelegte getrocknete Tomaten
4 EL Olivenöl
2 Eier
1 ¼ kg gemischtes Hack
Salz und Pfeffer

Nährwerte p. P.

552 kcal
14 g Kohlenhydrate
41 g Fett
32 g Eiweiß

1 Quinoa nach Packungsangabe in Salzwasser gar kochen. Anschließend sieben und abkühlen lassen.

2 Salzzitrone vierteln, abspülen und sehr klein schneiden. Zitronen heiß abwaschen und von einer Zitrone Schale abreiben sowie Saft auspressen. Zwiebeln schälen und klein schneiden. Tomaten abtropfen lassen und hacken. Rosmarin abbrausen und von 2 bis 3 Zweigen die Nadeln hacken. Pinienkerne ohne Fett anrösten.

3 2 EL Öl in die Pfanne geben und Zwiebeln 8 Minuten lang braten. Von der Platte nehmen und Tomaten, Pinienkerne, Rosmarin und Zitronenabrieb und Saft sowie Salzzitrone zugeben. Alles verrühren und abkühlen lassen.

4 Mischung mit Eiern, Hack, Quinoa und etwas Salz und Pfeffer verkneten. Dann in eine geölte Kastenform geben und bei 175 °C Umluft im heißen Ofen 45 Minuten backen. Danach 20 Minuten abkühlen lassen und auf ein mit Backpapier belegtes Blech stürzen.

5 Ofen hoch auf 210 °C schalten. Übrige Zitrone in feine Scheiben schneiden und diese mit dem übrigen Rosmarin auf dem Braten verteilen. Übriges Öl darübergeben und alles 14 - 16 Minuten fertig backen. In Scheiben schneiden und heiß servieren.

Hauptspeisen mit Fisch & Meeresfrüchten

ZANDER SALTIMBOCCA MIT ZITRONENPOLENTA

2 Port.

25 Min.

Leicht

Zutaten

Für den Zander:
6 Zanderfilets (ohne Haut, à ca. 80 g)
12 Blätter frischer Salbei
6 Scheiben Südtiroler Speck
Etwas Butterschmalz
Salz und Pfeffer

Für die Polenta:
Abrieb von ½ Zitrone
95 g Polenta
190 ml Vollmilch
240 ml Gemüsebrühe
30 g Butter
Etwas Muskat
Salz und Pfeffer

Nährwerte p. P.

622 kcal
44 g Kohlenhydrate
28 g Fett
53 g Eiweiß

1 Zander ein wenig salzen und pfeffern. Jedes Filet mit je einer Scheibe Speck einwickeln und mit zwei Salbeiblättern feststecken. Dann in Butterschmalz beidseitig scharf anbraten. Pfanne mit dem Fisch anschließend bei 95 °C Umluft im vorgeheizten Ofen 4 - 6 Minuten ziehen lassen.

2 Für die Polenta Milch und Brühe zum Kochen bringen, Grieß einrühren und unter Rühren 8 Minuten lang zu einem Brei einkochen lassen. Mit Zitronenabrieb, Muskat und Salz und Pfeffer verfeinern. Butter unterrühren.

3 Zander mit Polenta auf warmen Tellern anrichten und genießen.

Tipp: Dazu passt grüner Spargel und gebräunte Butter!

GESCHMORTER LACHS MIT ZITRONEN-COUSCOUS

4 Port.

1 Std. 25 Min.

Leicht

Zutaten

15 ml Zitronensaft
½ Salzzitrone (s. Rezept in „Fingerfood/Snacks")
760 g TK-Lachsfilet
Ein paar Safranfäden
2 rote Chilischoten
360 g Kirschtomaten
1 Gemüsezwiebel
5 EL Olivenöl
2 Knoblauchzehen
2 TL Meersalz
1 Fenchelknolle
210 ml Gemüsefond
110 g Couscous

Nährwerte p. P.

685 kcal
33 g Kohlenhydrate
40 g Fett
46 g Eiweiß

1 Knoblauch schälen und Chilischoten säubern, entkernen und in grobe Stücke schneiden. Beides mit Safran und Salz pürieren oder mörsern. 2 EL Öl und Zitronensaft einrühren.

2 Aufgetauten Lachs abspülen, trocken tupfen und in 7 cm große Stücke schneiden. Mit der Harissa-Paste vermengen, abdecken und 35 Minuten ziehen lassen.

3 Zwiebel schälen und in dünne Ringe schneiden. Fenchel säubern und in Streifen schneiden, das Grün dabei aufheben. Tomaten säubern.

4 1 EL Öl in einem Schmortopf erhitzen. Fenchel und Zwiebel 4 - 6 Minuten darin braten, dann Tomaten und Fond zufügen und alles in 8 bis 12 Minuten offen einkochen lassen.

5 Lachs mit hineingeben und geschlossen 12 Minuten weiterköcheln lassen. Fenchelgrün hacken und obendrüber streuen.

6 Währenddessen Couscous nach Packungsangabe zubereiten. Zitrone vierteln, abspülen und in dünne Streifen schneiden. Mit übrigem Öl unter den Couscous mischen. Zu dem Lachs servieren.

Tipp: Verschlossen und mit etwas Öl beträufelt hält sich die Harissa-Paste gekühlt einige Tage.

ROTBARSCH MIT ZITRONE UND DILL

4 Port.

25 Min.

Leicht

Zutaten

2 Zitronen
4 EL Olivenöl
½ Bund glatte Petersilie
½ Bund Dill
5 EL Paniermehl
620 g Rotbarschfilet
Kräutersalz

Nährwerte p. P.

348 kcal
14 g Kohlenhydrate
19 g Fett
30 g Eiweiß

1 Zitronen heiß abwaschen und etwas Schale abreiben und mit dem Mehl vermengen. Kräuter hacken und untermischen. Fisch abtupfen und salzen. Fisch im Paniermehl wenden und Panade andrücken.

2 Filets auf ein mit Backpapier ausgelegtes Blech legen. Zitronen in Scheiben schneiden und darauf sowie dazulegen. Alles mit Öl beträufeln und bei 195 °C Umluft im vorgeheizten Ofen 14 – 16 Minuten backen.

ZITRONENSPAGHETTI MIT GARNELEN

3 Port. 20 Min. Leicht

Zutaten

Abrieb und Saft von einer Zitrone
360 g Spaghetti
2 EL Butter
3 EL Parmesan
85 ml Schlagsahne
1 Zweig Rosmarin
1 Zweig Thymian
2 EL Kräuter nach Wahl
Ggf. Chilipulver
360 g TK-Garnelen (aufgetaut)
30 ml Olivenöl
2 Knoblauchzehen
Salz und Pfeffer

Nährwerte p. P.

568 kcal
40 g Kohlenhydrate
31 g Fett
30 g Eiweiß

1 Spaghetti in Salzwasser gar kochen, dann abgießen und mit Butter, Zitronensaft und -abrieb, Sahne und Parmesan vermengen. Mit Chilipulver, Salz und Pfeffer würzen.

2 Garnelen im Öl mit gehacktem Knoblauch und den gewaschenen Kräutern von beiden Seiten kurz scharf anbraten. Ebenfalls salzen und pfeffern. Dann Kräuterzweige herausnehmen.

3 Nudeln auf tiefen Tellern anrichten und Garnelen daraufgeben.

LACHS-EI-WRAPS

4 Port.

20 Min.

Leicht

Zutaten

1 Zitrone
4 Eier
4 Wraps
20 g Kresse
310 g Hüttenkäse
210 g Räucherlachs
½ Bund Frühlingszwiebeln
Salz und Pfeffer

Nährwerte p. P.

341 kcal
26 g Kohlenhydrate
13 g Fett
29 g Eiweiß

1 1 l Wasser im Topf aufkochen und die Eier 8 Minuten lang darin kochen. Danach kalt abschrecken, schälen und in feine Scheiben schneiden.

2 Währenddessen Frühlingszwiebeln säubern und in Ringe schneiden. Kresse abschneiden. Zitrone säubern und mit einem Sparschäler feine Streifen von der Schale abschälen. Diese dann fein hacken.

3 Zitronenschale mit Hüttenkäse und etwas Salz und Pfeffer verrühren.

4 Wraps mit Frischkäsecreme einstreichen, dann mit Lachs, Ei, Frühlingszwiebeln und Kresse belegen. Fest aufrollen, mittig schräg in zwei Hälften teilen und genießen.

SESAM-SCHOLLE MIT ZITRONENSOßE, KOHL UND REIS

4 Port.

45 Min.

Leicht

Zutaten

1 Zitrone
160 ml Schlagsahne
170 g Jasminreis
620 g Schollenfilets
5 EL Olivenöl
80 ml Gemüsebrühe
80 ml Fischfond
55 g Weizenmehl
360 g Spitzkohl
Etwas Muskat
55 ml Vollmilch
55 g weißer Sesam
Fleur de Sel und Pfeffer

Nährwerte p. P.

709 kcal
50 g Kohlenhydrate
42 g Fett
33 g Eiweiß

1 Reis in Salzwasser nach Packungsangabe gar kochen. Abgießen und mit 1 EL Öl vermengen. Dann warm halten.

2 Kohl säubern und in dünne Streifen schneiden. In 1 EL Öl in einer Pfanne 2 Minuten dünsten. Brühe zugeben und noch einmal 3 Mi-nuten weitergaren. Mit Muskat und Salz abschmecken und warm halten.

3 Fischfond mit Sahne zum Kochen bringen und auf die Hälfte einko-chen lassen. Mit etwas ausgepresstem Zitronensaft, Salz und Pfeffer abschmecken.

4 Fisch mit 2 TL Zitronensaft und etwas Salz würzen, dann in Mehl wenden, durch die Milch ziehen und anschließend im Sesam wen-den. Im übrigen Öl in einer Pfanne in 8 - 10 Minuten goldgelb bra-ten.

5 Fisch herausnehmen, auf Küchenpapier abtropfen lassen und auf Tellern mit Zitronensoße, Kohl und Reis anrichten.

JAKOBSMUSCHELN MIT BRATSALAT UND SALZZITRONEN

2 Port.

35 Min.

Leicht

Zutaten

1 Salzzitrone (s. Rezept in „Fingerfood/Snacks“)
310 g Römersalat
85 g Baguette (vom Vortag)
1 ½ TL Wasabi
35 g Mayonnaise
3 Schalotten
30 ml Buttermilch
30 ml Olivenöl
1 Knoblauchzehe
20 Kapernäpfel
6 Jakobsmuscheln (ohne Schale)
1 TL Butter
Fleur de Sel und Pfeffer

Nährwerte p. P.

575 kcal
46 g Kohlenhydrate
37 g Fett
17 g Eiweiß

1 Rinde vom Brot abschneiden und Brot klein schneiden. Auf einem Backblech verteilen und mit Fleur de Sel und Pfeffer würzen. 15 ml Öl darüberträufeln und dann bei 175 °C Umluft 8 - 10 Minuten rösten.

2 Mayo mit Wasabi und Buttermilch verrühren. Kapernäpfel abtropfen lassen und von dem Sud etwas auffangen. Salzzitrone vierteln und weißes Fruchtfleisch entfernen. Zitronenschale abspülen und in dünne Streifen schneiden. ? davon hacken. Schalotten und Knoblauch schälen und hacken. Salat säubern und in Streifen schneiden.

3 Übriges Öl in einer Pfanne erhitzen und Knoblauch mit Zwiebeln, Zitronenschale und Salat 4 - 6 Minuten braten. 1 - 2 EL Kapernsud dabei dazugeben. Alles salzen und pfeffern. Dann auf eine Platte geben und in der Restwärme des Ofens warm halten.

4 Muscheln abspülen, trocken tupfen und salzen. Dann in Butter von jeder Seite 2 Minuten goldbraun braten. Etwas pfeffern.

5 Muscheln, Kapernäpfel, übrige Zitronenschale und Brotwürfel auf warmem Salat anrichten. Etwas Wasabi-Creme obendrüber geben und den Rest dazureichen.

Vegetarische Hauptspeisen

PASTA IN ZITRONEN-MANDELSOẞE

2 Port.

20 Min.

Leicht

Zutaten

½ Zitrone
210 g Lumaconi-Nudeln
2 TL Mandelmus
210 ml Mandelmilch
2 Eigelbe
1 TL Instant-Gemüse-brühe
2 Zweige Salbei
30 ml Olivenöl
35 g gesalzene Rauch-mandeln
30 g Parmesan
Salz und Pfeffer

Nährwerte p. P.

830 kcal
81 g Kohlenhydrate
42 g Fett
30 g Eiweiß

1 Nudeln nach Packungsangabe in Salzwasser gar kochen, dann abgießen und abtropfen lassen.

2 Zitrone auspressen. Mandelmus mit Mandelmilch vermengen und im Topf zum Kochen bringen. Langsam Zitronensaft zugeben und unterrühren. Eigelbe und etwas von der heißen Milch verrühren, dann die Mischung in die gesamte Milch einrühren. Nicht kochen, da das Eigelb sonst gerinnt. Brühe zufügen und mit Zitronensaft abschmecken.

3 Salbei abbrausen und trocken schütteln. Blätter im Öl knusprig braten, dann auf Küchenpapier abtropfen lassen. Mandeln hacken.

4 Nudeln mit Mandelsoße, Salbei und Mandeln mischen und auf Tellern verteilen. Darüber hauchdünn den Parmesan hobeln und etwas pfeffern.

GELBES LINSEN-ZITRONEN-CURRY

 2 Port.

 25 Min.

Leicht

Zutaten

½ Zitrone
2 Zitronenscheiben
170 g gelbe Linsen
1 Zwiebel
360 ml Gemüsebrühe
210 ml Kokosmilch
½ TL Kurkuma
½ TL Currypulver
½ TL Kreuzkümmel
Etwas Chili
1 EL Kokosöl
Salz und Pfeffer

Nährwerte p. P.

614 kcal
58 g Kohlenhydrate
32 g Fett
26 g Eiweiß

1 Knoblauch und Zwiebel schälen und hacken. Beides im Kokosöl anbraten. Gewürze zufügen und mitrösten. Kurz darauf Linsen zugeben und mit Brühe und Kokosmilch aufgießen.

2 Zitrone auspressen und Schale abreiben. Beides unterrühren. Alles 14 bis 16 Minuten köcheln lassen. Danach mit Salz und Pfeffer abschmecken und mit je einer Zitronenscheibe servieren.

Tipp: Dazu passt warmer Jasminreis.

ZITRONENNUDELN MIT SCHINKEN UND FENCHEL

4 Port.

40 Min.

Leicht

Zutaten

2 Zitronen
1 Knoblauchzehe
420 g Nudeln nach Wahl
95 g Pancetta (in dünnen Scheiben)
2 Fenchelknollen
1 EL Zucker
30 g Parmesan
360 ml Schlagsahne
Salz und Pfeffer

Nährwerte p. P.

878 kcal
86 g Kohlenhydrate
48 g Fett
26 g Eiweiß

1 Zitronen heiß abwaschen, trocknen und Schale mit einem Zestenreißer in feine Streifen abziehen. Dann den Saft auspressen (ca. 120 ml). Saft mit Zucker, 1 Prise Salz und Zitronenstreifen in einem kleinen Topf zum Kochen bringen. Bei wenig Hitze 18 - 22 Minuten köcheln lassen. Mischung danach durch ein Sieb geben, dabei 3 EL vom Sud auffangen.

2 Währenddessen Knoblauch schälen und grob zerdrücken. Mit Sahne und etwas Salz und Pfeffer im Topf 8 - 12 Minuten köcheln lassen.

3 Fenchel säubern, Fenchelgrün hacken, Knollen vierteln, grob raspeln und sofort mit dem Zitronensud vermengen. Pancetta ohne Fett knusprig braten. Parmesan reiben.

4 Nudeln nach Packungsangabe in Salzwasser gar kochen. Das Wasser abgießen und Nudeln zurück in den heißen Topf geben. Sahne durch ein Sieb zu den Nudeln geben. Käse, Fenchelknolle und Zitronenstreifen zufügen und alles gut vermengen. Mit Salz und Pfeffer würzen.

5 Auf Tellern verteilen und mit gehacktem Fenchelgrün und etwas Pfeffer bestreuen.

SPINAT-ZITRONEN-RISOTTO

3 Port. 40 Min. Leicht

Zutaten

2 Zitronen
210 g Spinat
2 EL Butter
310 g Risottoreis
2 Knoblauchzehen
2 Zwiebeln
110 g Ricotta
6 EL geriebener Parmesan
30 ml Olivenöl
1 l Gemüsebrühe
Salz und Pfeffer

Nährwerte p. P.

675 kcal
95 g Kohlenhydrate
26 g Fett
18 g Eiweiß

1 Zitronen heiß abwaschen und trocknen. Schale einer Zitrone mit einem Sparschäler abschälen. Die Schale der anderen Zitrone mithilfe eines Zestenreißers abschälen. Beide Zitronen auspressen und 130 ml Saft abmessen.

2 Knoblauch und Zwiebeln schälen und klein schneiden. Brühe mit den breiten Zitronenschalenstreifen zum Kochen bringen und dann auf der abgeschalteten Platte warm halten.

3 Knoblauch und Zwiebeln in Öl und Butter im Topf 4 - 6 Minuten braten. Reis zugeben und 1 Minute mitdünsten. 85 ml vom Zitronensaft einrühren und gut einkochen lassen. ? der Brühe zufügen und den Reis unter Rühren die Flüssigkeit aufnehmen lassen. Breite Zitronenschale dabei auch dazugeben. Mit dem Rest der Brühe genauso verfahren, sodass alles 20 Minuten kocht.

4 Spinat säubern und mit Ricotta und 2 EL Käse unter das Risotto rühren. Gut salzen und pfeffern und mit dem übrigen Zitronensaft abschmecken. Anschließend auf Teller geben und mit dem übrigen Parmesan und den Zitronenzesten bestreuen.

ZUCCHINIPUFFER MIT ZITRONENCREME

4 Port.

25 Min.

Leicht

Zutaten

1 Zitrone
420 g Zucchini
210 g Crème fraîche
8 EL Öl
2 Eier
1 Prise Zucker
20 g Weizenmehl
Salz und Pfeffer

Nährwerte p. P.

465 kcal
10 g Kohlenhydrate
45 g Fett
6 g Eiweiß

1 Zucchini säubern, Enden abschneiden und grob raspeln. In einem Sieb mit etwas Salz mischen und ein paar Minuten ziehen lassen. Zitrone heiß abwaschen, 1 TL Schale abreiben, dann halbieren und Saft auspressen.

2 Eier in einer Schale aufschlagen und mit Zucker und 1 Prise Salz verrühren. Mehl dazusieben und alles zu einem Teig weiterrühren. Zucchini im Sieb etwas zusammendrücken, sodass der Saft austritt. Dann unter den Teig heben.

3 Etwas Öl in einer Pfanne erhitzen und aus der Masse mit einem Esslöffel kleine Fladen ins Öl setzen. Pro Seite 3 Minuten goldbraun braten, dann auf Küchenpapier abtropfen lassen. Mit dem gesamten Teig so verfahren.

4 Crème fraîche mit 2 TL Zitronensaft und Schale sowie etwas Salz und Pfeffer vermengen. Die Creme zu den Zucchinipuffern reichen.

Tipp: Geräucherter Lachs schmeckt auch toll zu den Puffern!

GEFÜLLTE ÜBERBACKENE MUSCHELNUDELN

4 Port. 30 Min. Leicht

Zutaten

Abrieb von einer Zitrone
12 Muschelnudeln (Conchiglioni)
2 Knoblauchzehen
1 Ei
260 g Ricotta
430 ml stückige Tomaten mit Basilikum (aus der Dose)
55 g Parmesan
4 Zweige Basilikum
Salz und Pfeffer

Nährwerte p. P.

431 kcal
51 g Kohlenhydrate
15 g Fett
21 g Eiweiß

1 Salzwasser im Topf aufkochen. Währenddessen Knoblauch schälen und hacken. Mit den Tomaten vermengen, salzen, pfeffern und in eine feuerfeste Form füllen.

2 Nudeln in dem Wasser nach Packungsangabe gar kochen. Parmesan reiben und die Hälfte davon mit Ei, Ricotta und Zitronenabrieb verrühren. Salzen und pfeffern.

3 Nudeln abgießen und kalt abbrausen. Mit einem Teelöffel die Muschelnudeln mit der Creme befüllen. Dann in die Soße setzen und mit dem übrigen Parmesan bestreuen.

4 Alles bei 195 °C Umluft im heißen Ofen 12 - 14 Minuten backen. Basilikum abbrausen, Blätter abzupfen und grob hacken. Nudeln vor dem Servieren damit bestreuen.

Vegane Hauptspeisen

LINSEN-DAL MIT ZITRONEN-SWIRL

 4 Port.

 30 Min.

Leicht

Zutaten

1 Zitrone
210 g Linsen
30 g Tomatenmark
1 Zwiebel
1 EL Currypulver
820 ml Gemüsebrühe
2 TL Senfsamen
210 ml Hafer-Cuisine
310 g Tomaten
2 TL Öl
Etwas frischen Koriander
Salz und Pfeffer

Nährwerte p. P.

339 kcal
45 g Kohlenhydrate
11 g Fett
16 g Eiweiß

1 Linsen abwaschen und abtropfen lassen. Zwiebel schälen und klein schneiden. Öl erhitzen und Zwiebel 3 Minuten dünsten. Senfsamen zufügen und 4 Minuten lang rösten. Curry und Tomatenmark unterrühren, dann Brühe, Linsen und 130 ml Hafer-Cuisine zufügen. Zum Kochen bringen und 8 - 12 Minuten köcheln lassen, dabei ab und zu durchrühren.

2 Währenddessen Tomaten säubern und klein schneiden. Zitrone säubern und etwas Schale abreiben. Dann Zitrone vierteln. Übriges Hafer-Cuisine und Zitronenabrieb verrühren.

3 Die Hälfte der Tomaten ebenfalls zugeben, alles noch einmal erwärmen und mit Salz und Pfeffer abschmecken. Dal mit Zitronencreme, übrigen Tomaten und Koriander auf Tellern anrichten. Dazu Zitronenviertel servieren.

VEGANE WRAPS MIT GYROS UND MANGO-DRESSING

4 Port.

25 Min.

Leicht

Zutaten

1 Zitrone
160 g veganes Gyros
65 g Kichererbsen aus der Dose
110 g Rotkohl
75 g Radieschen
30 ml Öl
20 g frischer Koriander
1 Birne
110 g Mango
30 g Senf
5 EL Soja-Joghurt
4 Wraps
Salz und Pfeffer

Nährwerte p. P.

322 kcal
43 g Kohlenhydrate
13 g Fett
11 g Eiweiß

1 Zitrone auspressen. Radieschen säubern, Enden abschneiden und in feine Scheiben schneiden. Birne säubern, Kerngehäuse herausschneiden und klein schneiden. Kichererbsen abtropfen lassen und mit Wasser abspülen. Rotkohl säubern und in dünne Scheiben schneiden. Koriander säubern und hacken.

2 Kichererbsen mit Radieschen, Koriander, Rotkohl und Birne in einer Schale mischen.

3 Öl erhitzen und Gyros 5 Minuten lang darin braten. Mit etwas Zitronensaft, Salz und Pfeffer würzen.

4 Mango schälen und Fruchtfleisch klein schneiden. Mit Senf, Joghurt sowie etwas Salz und Pfeffer pürieren.

5 Mango-Dressing auf den Wraps verstreichen. Mit Radieschen-Mischung und Gyros belegen. Etwas Zitronensaft obendrüber träufeln und genießen.

ZITRONEN-POLENTA MIT RAHMPILZEN

4 Port.

35 Min.

Leicht

Zutaten

Abrieb von einer Zitrone
380 ml Sojamilch
380 ml Wasser
760 g gemischte Pilze
½ Bund Petersilie
190 g Polenta
1 Knoblauchzehe
360 g Kirschtomaten
1 ½ EL Weizenmehl
1 TL getrockneter Thymian
3 EL Olivenöl
190 ml Gemüsebrühe
160 ml Sojasahne
Salz und Pfeffer

Nährwerte p. P.

450 kcal
57 g Kohlenhydrate
20 g Fett
17 g Eiweiß

1 Pilze säubern und ggf. halbieren oder in Scheiben oder Stücke schneiden. Kirschtomaten säubern und halbieren. Knoblauch schälen und hacken.

2 Sojamilch mit Wasser im Topf zum Kochen bringen und salzen. Polenta einrühren, einmal aufkochen lassen, dann unter Rühren kurz weiterkochen lassen. Eine Schale mit Öl fetten, Polenta hineingeben, glatt streichen und abgedeckt 8 – 12 Minuten stehen lassen.

3 2 EL Öl in eine Pfanne geben und Pilze bei hoher Temperatur 3 Minuten braten. Thymian und Knoblauch zufügen und salzen und pfeffern. Mehl darüberstäuben und kurz mit anschwitzen. Dann mit Sojasahne und Brühe ablöschen, zum Kochen bringen und offen 5 - 6 Minuten kochen lassen. Tomaten untermischen.

4 Petersilie abwaschen und Blätter fein hacken. Mit Zitronenabrieb vermengen. Polenta auf einen Teller stürzen und mit der Mischung bestreuen. Das übrige Öl obendrauf träufeln. In Stücke schneiden und zu dem Pilzragout anrichten.

GEBACKENER SPARGEL MIT NUSSMIX

4 Port.

35 Min.

Leicht

Zutaten

1 Zitrone
520 g weißer Spargel
520 g grüner Spargel
30 ml Olivenöl
4 EL Haselnüsse
5 g frischer Thymian
15 g frisches Basilikum
Salz und Pfeffer

Nährwerte p. P.

208 kcal
12 g Kohlenhydrate
16 g Fett
8 g Eiweiß

1 Weißen Spargel säubern, schälen und holzige Enden abschneiden. Grünen Spargel säubern und ggf. Enden abschneiden. Thymian abbrausen. Zitrone waschen und von der Schale 1 TL abreiben. Den Saft auspressen.

2 Spargel, Zitronenabrieb, Thymian und Öl auf einem mit Backpapier belegten Blech mischen und verteilen. Salzen und pfeffern. Dann bei 175 °C Ober-/Unterhitze ungefähr 25 Minuten im heißen Ofen backen.

3 Haselnüsse währenddessen ohne Fett in einer Pfanne anrösten. Danach hacken. Basilikum abbrausen, Blätter abzupfen und hacken.

4 Spargel herausnehmen und mit Nüssen und Basilikum bestreuen.

QUICHE MIT TOFU-GEMÜSE-FÜLLUNG

 6 Port.

 1 Std. 15 Min.

 Leicht

Zutaten

Für den Teig:
210 g Weizenmehl (Type 550)
110 g Dinkelvollkornmehl
130 g veganer Quark
4 g Backpulver
110 ml Sojamilch
4 EL Olivenöl
1 TL Apfelessig
¼ TL Salz

Für die Füllung:
Saft von ½ Zitrone
160 g Brokkoliröschen
2 Knoblauchzehen
55 g veganer Reibekäse
210 g Tofu
160 g Möhren
20 g Senf
¼ TL Muskat
1 TL Olivenöl
20 g helle Misopaste
1 ½ TL Salz

1 Für den Teig die trockenen Zutaten mischen. Quark, Öl, Essig und Milch zugeben und alles verkneten. In einem verschlossenen Behälter 18 - 22 Minuten im Kühlschrank ruhen lassen.

2 Brokkoli in Stücke schneiden und 2 Minuten in kochendem Wasser blanchieren. Möhren säubern und grob raspeln. Quark, Knoblauch, Tofu, Senf, Miso, Muskat, Zitronensaft, Öl und Salz gut mixen. Gemüse und die Hälfte vom Käse zugeben und untermischen. Ggf. erneut salzen.

3 Kühlen Teig auf ca. 30 cm Durchmesser rund ausrollen. Dann in eine gefettete Quicheform legen und den Rand nach oben klappen und in die Form drücken. Den Boden mit einer Gabel einstechen.

4 Füllung in die Form geben, verteilen, übrigen Käse darüberstreuen und alles bei 175 °C Ober-/Unterhitze im vorgeheizten Ofen ca. 30 Minuten goldbraun backen. Herausnehmen und 10 Minuten stehen lassen.

Nährwerte p. P.

397 kcal
47 g Kohlenhydrate
17 g Fett
15 g Eiweiß

Tipp: Anstatt Sojaquark kann auch veganer Skyr oder veganer Joghurt verwendet werden. Für den Teig können Sie auch nur Vollkornmehl verwenden, dann ist die Quiche jedoch krümeliger.

GEMÜSEAUFLAUF MIT EINGELEGTEN ZITRONEN

4 Port.

45 Min.

Leicht

Zutaten

1 eingelegte Zitrone
1 sehr große Zucchini (oder 2 normale)
4 Tomaten
4 EL Olivenöl
Je 1 rote und grüne Paprika
2 TL Magic-Soße
3 Frühlingszwiebeln
Salz

Nährwerte p. P.

182 kcal
14 g Kohlenhydrate
14 g Fett
3 g Eiweiß

1 Gemüse säubern. Tomaten und Frühlingszwiebeln klein schneiden und mit 3 EL Öl, etwas Salz und der Salzlake der Zitrone vermengen.

2 Paprika klein schneiden und zu den Tomaten geben. Magic-Soße zufügen und alles mischen. Zucchini in feine Scheiben schneiden. Auflaufform mit restlichem Öl fetten und Zucchinischeiben auf den Boden der Form legen.

3 Tomaten-Paprika-Mischung daraufgeben und den Rest der Zucchini darauflegen. Marinade zum Schluss obendrüber träufeln.

4 Zitrone in kleine Stücke schneiden und darüberstreuen. Dann im heißen Ofen bei 170 °C Umluft ungefähr 30 Minuten backen.

Fingerfood / Snacks

MAROKKANISCHE SALZZITRONEN

3 Port.

4 Wo.

Leicht

Zutaten

7 Zitronen
7 EL grobes Meersalz
Wasser

Nährwerte p. P.

39 kcal
13 g Kohlenhydrate
0 g Fett
1 g Eiweiß

1 Ein großes Glas heiß ausspülen und trocknen. 1 TL Meersalz hineingeben. Zitronen waschen und 6 Zitronen zweimal über Kreuz der Länge nach tief einschneiden und den Saft auf einem Teller auffangen. Wenn möglich, die Kerne entfernen.

2 Nun je 1 TL Salz in jede Zitrone geben und ggf. mit den Fingern nachhelfen und die angeschnittene Zitrone wieder fest zusammendrücken. Zitronen direkt nebeneinander bzw. aufeinander in das Glas legen.

3 Von der letzten Zitrone den Saft auspressen und diesen auf die Zitronen in das Glas füllen. Übriges Meersalz obendrüber streuen und alles mit kochendem Wasser auffüllen. Glas verschließen und 3 – 4 Wochen an einem warmen Platz lagern

Tipp: Damit die Zitronen nicht im Glas schwimmen, am besten einen sauberen Stein, eine Untertasse oder Ähnliches auf die Zitronen legen. Die Zitronen sind über Monate haltbar. Wem sie zu salzig sind, einfach mit Wasser vor der Weiterverarbeitung abspülen.

CHICORÉEHÄPPCHEN MIT SCHINKEN-AVOCADOCREME

4 Port.

20 Min.

Leicht

Zutaten

1 Zitrone
1 Chicorée
1 Avocado
1 Knoblauchzehe
4 EL Crème fraiche
2 Pck. Krustenschinken
Salz und Pfeffer

Nährwerte p. P.

197 kcal
8 g Kohlenhydrate
14 g Fett
12 g Eiweiß

1 Blätter vom Chicorée ablösen, säubern und abtropfen lassen. Zitrone auspressen. Knoblauch schälen und hacken. Avocado entsteinen und Fruchtfleisch mit Zitronensaft mithilfe einer Gabel zerdrücken.

2 Crème fraîche und Knoblauch unter die Avocado geben und verrühren. Salzen und pfeffern.

3 Jeweils einen Klecks der Creme auf jedes Chicoréeblatt geben, dann darauf etwas vom Schinken verteilen und servieren.

GEGRILLTE ZUCCHINI

4 Port.

20 Min.

Leicht

Zutaten

1 Zitrone
2 Zucchini
20 g frische Petersilie
5 EL Olivenöl
10 g frischer Thymian
10 g frischer Rosmarin
Salz und Pfeffer

Nährwerte p. P.

180 kcal
6 g Kohlenhydrate
18 g Fett
2 g Eiweiß

1 Kräuter abbrausen, Blätter und Nadeln abzupfen und hacken. Zitrone heiß abwaschen, dann 1 TL Schale abreiben und Saft auspressen. 2 EL Saft mit Zitronenabrieb und Kräutern sowie Öl und etwas Salz und Pfeffer vermengen.

2 Zucchini säubern, Enden abschneiden und längs in 0,5 cm breite Streifen schneiden. Mit dem Zitronen-Öl einstreichen und auf dem heißen Grill ungefähr 6 Minuten lang grillen. Dabei öfter mit Öl einstreichen.

Tipp: Die Zucchini können selbstverständlich auch in der Pfanne gebraten werden!

MAISBROT MIT KERBELSCHMAND UND LACHS

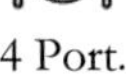
4 Port.

2 Std. 35 Min.

Leicht

Zutaten

1 Zitrone
20 g Mayonnaise
10 g Kerbel
30 ml Olivenöl
170 g Lachsfilet
110 g Schmand
85 g Gurke
1 Prise Zucker
10 g Wasabi
1 Chicorée
1 TL Weißweinessig
4 Scheiben Maisbrot
Etwas Dill
Salz und Pfeffer

Nährwerte p. P.

348 kcal
20 g Kohlenhydrate
23 g Fett
14 g Eiweiß

1 Kerbelblättchen abzupfen und hacken. Kerbel mit Schmand pürieren, dann Mayo einrühren und salzen und pfeffern.

2 Schale der Zitrone abreiben und diese dann auspressen. Beides mit der Hälfte vom Öl vermengen. Lachs schräg in feine Scheiben schneiden und in eine flache Schale hineinlegen. Mit der Marinade beträufeln und mindestens 2 Stunden in den Kühlschrank stellen. Zwischendurch einmal wenden.

3 Gurke schälen und in dünne Scheiben schneiden. Dann mit etwas Salz und Zucker mischen und 12 - 14 Minuten im Sieb abtropfen lassen.

4 Essig, Wasabi und übriges Öl verrühren und zur Gurke geben. Chicorée säubern, längs vierteln und Strunk abschneiden. Lachs salzen.

5 Brotscheiben mit Kerbelschmand, Lachs, Chicorée und Gurke belegen und mit Dill garnieren.

HÄHNCHEN-STICKS

1 Port.

55 Min.

Leicht

Zutaten

Für das Hähnchen:
½ Zitrone (in Scheiben)
½ Limette
½ Knoblauchzehe
110 g Hühnerbrust
110 ml Weißwein
Salz und Pfeffer

Für die Panade:
1 Ei
2 EL Weizenmehl
Semmelbrösel
Frische Petersilie
Salz und Pfeffer

Nährwerte p. P.

506 kcal
51 g Kohlenhydrate
8 g Fett
38 g Eiweiß

1 Fleisch in breitere Streifen schneiden. Wein mit gehacktem Knoblauch, Limettensaft und etwas Salz und Pfeffer vermengen. Hähnchen damit marinieren und 35 Minuten zur Seite stellen.

2 Hähnchen nacheinander durch das Mehl ziehen, dann in das verquirlte Ei einlegen, dann in der Petersilie wenden, etwas salzen und pfeffern und zum Schluss in den Semmelbröseln wenden.

3 Die Sticks in einer Fritteuse bei 180 °C frittieren. Mit den Zitronenscheiben und einer Soße nach Wahl servieren.

GEGRILLTE BANANE UND UMWICKELTE ANANAS

4 Port. 25 Min. Leicht

Zutaten

30 ml Zitronensaft
30 g Honig
½ Ananas (ca. 380 g)
160 g Bacon (in Scheiben)
3 feste Bananen
Salz und Pfeffer

Nährwerte p. P.

269 kcal
39 g Kohlenhydrate
10 g Fett
9 g Eiweiß

1 Zitronensaft, Honig und etwas Salz und Pfeffer verrühren. Bananen schälen und in 4 cm lange Stücke schneiden. In die Marinade legen.

2 Ananas schälen, Strunk entfernen und Fruchtfleisch in größere Stücke schneiden. Auch mit der Marinade mischen.

3 Je 1 Obststück mit einer Scheibe Bacon umwickeln und mit Zahnstochern fixieren. Unter Wenden auf dem heißen Grill 6 – 8 Minuten grillen.

PIKANTE ZITRONEN-OLIVEN

4 Port.

10 Min.

Leicht

Zutaten

1 Zitrone
30 ml Olivenöl
2 getrocknete Chilischoten
1 Glas entsteinte grüne Oliven (ca. 370 g)
3 Zweige Oregano

Nährwerte p. P.

151 kcal
3 g Kohlenhydrate
15 g Fett
1 g Eiweiß

1 Oregano abbrausen und Blätter abzupfen. Zitrone heiß abwaschen und Schale abreiben. Die Hälfte auspressen. Chilis hacken.

2 Oliven abgießen und mit den übrigen Zutaten mischen und mit Zahnstochern servieren.

Desserts

KIRSCH-SCHNECKEN MIT ZITRONEN-TOPPING

6 Port.

3 Std. 10 Min.

Leicht

Zutaten

Abrieb von ½ Zitrone
260 ml Vollmilch
510 g Weizenmehl
80 g weiche Butter
360 g Kirschmarmelade
55 g + 30 g Zucker
1 Pck. Hefe
1 TL Zimt
55 ml Schlagsahne
55 g Schmand
2 Prisen Salz

Nährwerte p. P.

622 kcal
103 g Kohlenhydrate
19 g Fett
12 g Eiweiß

1 Milch erwärmen. Hefe, Mehl, 55 g Zucker und Salz mischen. Milch dazugeben und alles zu einem glatten Teig verarbeiten. Butter dabei unterkneten. Abdecken und 60 Minuten an einem warmen Ort ruhen lassen.

2 Teig auf einer bemehlten Fläche kurz durchkneten, dann zu einem 40 × 50 cm großen Rechteck ausrollen. Marmelade glatt rühren und auf dem Teig verstreichen, dabei am Rand etwas Platz lassen.

3 Teig von der langen Seite aufrollen und daraus 6 Stücke schneiden. Schnecken nebeneinander in eine gefettete und mit Mehl bestreute kleine Kastenform (8 × 23 cm) setzen. Noch einmal 35 Minuten abgedeckt gehen lassen.

4 15 g Zucker mit Zimt mischen und auf die Schnecken streuen. Alles im heißen Ofen bei 155 °C Umluft 40 - 45 Minuten backen. Nach 20 Minuten mit Alufolie abdecken.

5 Kuchen herausnehmen und 25 Minuten abkühlen lassen. Aus der Form stürzen und auskühlen lassen.

6 Für das Topping Schmand mit Sahne, übrigem Zucker und Zitronenabrieb mit einem Schneebesen des Rührgeräts cremig rühren und auf den Schnecken verstreichen.

LEICHTE ZITRONEN-MOUSSE

6 Port.

2 Std. 20 Min.

Leicht

Zutaten

3 Zitronen
510 g Naturjoghurt (3,5 % Fett)
95 g Zucker
240 ml Schlagsahne
4 Blätter Gelatine
Etwas Minze

Nährwerte p. P.

265 kcal
23 g Kohlenhydrate
18 g Fett
6 g Eiweiß

1 Zitronen heiß waschen und Schale abreiben. Eine halbe Zitrone für die Garnitur zur Seite legen, den Rest auspressen. Saft und Abrieb im Topf zum Kochen bringen, Zucker einrühren, Topf von der Platte nehmen und alles ziehen lassen. Gelatine in kaltem Wasser einweichen, ausdrücken und im heißen Saft auflösen.

2 Joghurt in eine Schale geben und Zitronen-Mischung untergeben. Sahne steif schlagen und unterheben. Creme mindestens für 2 Stunden in den Kühlschrank stellen.

3 Creme in einen Spritzbeutel mit Sterntülle umfüllen und in Dessertgläser (ca. 150 ml) spritzen. Bis zum Servieren im Kühlschrank stehen lassen und zuletzt mit Minze und Zitronenscheiben garnieren.

ZITRONEN-SCHICHTDESSERT MIT MASCARPONECREME

4 Port.

2,5 Std.

Leicht

Zutaten

Für das Lemon Curd:
55 ml Zitronensaft
Abrieb von 2 Zitronen
110 g Zucker
2 Eigelbe
1 Ei
35 g Butter

Für die Creme:
95 ml Buttermilch
240 g Mascarpone
2 TL Zucker
35 g Speisestärke
290 ml Vollmilch (1,5 % Fett)
1 TL Vanilleextrakt
1 Eigelb

Außerdem:
12 Löffelbiskuits
140 ml Schlagsahne
½ TL Vanilleextrakt
1 TL Puderzucker

Nährwerte p. P.

766 kcal
60 g Kohlenhydrate
54 g Fett
12 g Eiweiß

1 Für das Lemon Curd Zucker mit Zitronensaft und -abrieb sowie Ei und Eigelben in einer hitzebeständigen Schale verrühren. Über einem Wasserbad unter Rühren erwärmen. Dann Butter darin schmelzen lassen. Weiterrühren, bis alles angedickt ist. Von der Platte nehmen, durch ein Sieb streichen und in einem sauberen Glas erkalten lassen.

2 Währenddessen für die Creme etwas von der Milch mit Stärke, Vanilleextrakt und Zucker vermengen. Übrige Milch im Topf aufkochen, dann Stärkemischung einrühren. Pudding dicklich werden lassen, dann vom Herd nehmen und Eigelb einrühren. Buttermilch zufügen und ein Stück Frischhaltefolie auf den Pudding legen, damit sich keine Haut bildet. Vollständig erkalten lassen.

3 Pudding kurz aufschlagen, dann Mascarpone unterrühren. In den Kühlschrank stellen.

4 Biskuit in Stücke zerbrechen und eine erste Schicht in 4 Dessertgläser geben. Etwas von der Creme und etwas Lemon Curd darauf anrichten. Diesen Vorgang einmal wiederholen.

5 Sahne mit Vanilleextrakt und Puderzucker steif schlagen. In einen Spritzbeutel mit Sterntülle umfüllen und einen Swirl auf die Gläser spritzen. Mindestens 60 Minuten kühl stellen.

ZITRONIGE BISKUITROLLE

6 Port.

3 Std.

Leicht

Zutaten

Für den Teig:
1 Zitrone
45 g Butter
4 Eiweiße
4 Eigelbe
75 g Zucker
95 g Weizenmehl
1 Prise Salz

Für die Creme:
1 Zitrone
100 ml Zitronensaft
2 Eigelbe
190 g weiche Butter
85 g Puderzucker

Nährwerte p. P.

518 kcal
42 g Kohlenhydrate
36 g Fett
8 g Eiweiß

1 Butter in einer Pfanne zerlassen, dann zur Seite stellen. Schale einer Zitrone abreiben. 45 g Zucker und Eigelbe in 4 – 6 Minuten schaumig rühren. In einer weiteren Schale Salz mit Eiweißen steif schlagen, danach 30 g Zucker zugeben und weiterschlagen, bis glänzender Eischnee entstanden ist. Mehl und Eischnee unter die Eigelb-Mischung geben und Butter und Zitronenabrieb unterziehen.

2 Teig 1 cm dünn auf ein mit Backpapier ausgelegtes Blech streichen. Dann bei 230 °C Ober-/Unterhitze im heißen Ofen 4 – 6 Minuten auf mittlerer Ebene backen. Herausnehmen und auf ein frisches Backpapier stürzen.

3 Mit einem feuchten Küchentuch über das obere Papier streichen und dieses entfernen. Blech gestürzt auf den Kuchen legen und so erkalten lassen.

4 Schale der anderen Zitrone abreiben und mit Puderzucker und Butter verrühren. Eigelbe und Zitronensaft langsam untergeben. Zitronencreme auf dem Kuchen ausstreichen, dabei einen Rand lassen.

5 Alles zu einer Biskuitrolle vorsichtig der Länge nach aufrollen und mit der offenen Seite nach unten auf eine Kuchenplatte legen. Mit einem Küchentuch zudecken und 35 Minuten kühl stellen. Dann in Scheiben schneiden und genießen.

ZITRONENEIS

4 Port.

4 Std. 15 Min.

Leicht

Zutaten

160 ml Zitronensaft
75 g Zucker
210 ml Schlagsahne

Nährwerte p. P.

236 kcal
24 g Kohlenhydrate
16 g Fett
2 g Eiweiß

1 Zitronensaft und Zucker im Topf bei wenig Hitze zum Köcheln bringen. Sobald ein dickflüssiger Sirup entstanden ist, diesen abkühlen lassen.

2 Sahne steif schlagen und Sirup unter die Sahne heben. Alles in eine große Tupperdose oder in eine Eismaschine füllen. Im Gefrierfach braucht das Eis ca. 3 Stunden, in der Eismaschine wird das Eis 1 Stunde lang heruntergekühlt und geht dann ebenfalls 2 Stunden ins Gefrierfach.

Tipp: Bei der Zubereitung ohne Eismaschine müssen Sie das Eis gelegentlich durch-rühren, damit sich keine Eiskristalle bilden.

ZITRONEN-PUDDING

4 Port.

50 Min.

Leicht

Zutaten

Abrieb und Saft von 2 Zitronen
Ein paar Zitronenscheiben
2 TL Puderzucker
620 ml Vollmilch
125 g Zucker
2 Eigelbe
2 EL Butter
40 g Speisestärke
1 Prise Salz
30 g Mandelblättchen
310 g Cantuccini
Etwas Zitronenmelisse

Nährwerte p. P.

747 kcal
106 g Kohlenhydrate
29 g Fett
16 g Eiweiß

1 95 ml Milch mit der Stärke in einem großen Topf gut verrühren. Dann Zucker, übrige Milch, Salz, Eigelbe und Zitronenabrieb zufügen und alles unter Rühren aufkochen und 1 Minute kochen lassen.

2 Topf vom Herd nehmen und Butter und Zitronensaft einrühren. Pudding auf vier Tellern verteilen und 35 Minuten kühl stellen.

3 Cantuccini hacken und mit den Mandeln 2 Minuten in einer Pfanne ohne Fett rösten. Mit Puderzucker bestreuen und etwas karamellisieren lassen. Mischung auf dem Pudding verteilen und diesen mit Melisse und Zitronenscheiben garnieren.

ZITRONENSOUFFLÉ

4 Port.

2 Std.
40 Min.

Leicht

Zutaten

2 Zitronen
2 TL Butter
95 g Zucker
240 ml Vollmilch
55 g Weizenmehl
4 Eier

Nährwerte p. P.

280 kcal
40 g Kohlenhydrate
10 g Fett
9 g Eiweiß

1 Zitronen heiß abwaschen, trocknen und Schale in ganz feinen Streifen abschneiden. Dann Saft auspressen. Milch und Mehl gut verrühren und 55 g Zucker und Butter unterrühren. Mischung unter Rühren in einem kleinen Topf zum Kochen bringen.

2 Eier trennen und Eigelbe mit Zitronenschale und Saft vermengen. Dann in den Topf rühren, diesen vom Herd nehmen und abkühlen lassen.

3 Souffléformen gut buttern. Eiweiße mit dem übrigen Zucker steif schlagen. Unter die Creme heben und auf die Formen verteilen.

4 Alles bei 185 °C Ober-/Unterhitze ungefähr 18 - 22 Minuten backen, die Ofentür dabei nicht öffnen. Das Soufflé warm servieren.

Tipp: Das Soufflé vor dem Servieren mit Puderzucker bestäuben.

SCHOKOKUCHEN MIT ZWEIERLEI CREME

8 Port.

5 Std. 20 Min.

Mittel

Zutaten

1 Zitrone
9 Eier
220 g Rohrohrzucker
45 g Backkakao
190 g Mascarpone
140 g Dinkelmehl (Type 1050)
1 TL Vanillepulver
610 ml Schlagsahne
95 g Magerquark
5 Blätter Gelatine
45 g Vollmilchschokolade
2 × 140 g Zartbitterschokolade
20 g Butter
Ein paar silberne Zuckerperlen

Nährwerte p. P.

871 kcal
68 g Kohlenhydrate
61 g Fett
16 g Eiweiß

1 Sechs Eier trennen und Eigelbe mit 30 g vom Zucker und Vanillepulver schaumig schlagen. Eiweiß steif schlagen und dabei 50 g Zucker einrieseln lassen. Eischnee unter die Eigelb-Mischung heben. Mehl und Kakao darübersieben und behutsam unterheben.

2 Masse in eine nicht gefettete Springform umfüllen, glatt streichen und im heißen Ofen bei 175 °C Umluft auf mittlerer Ebene ungefähr 25 Minuten goldgelb backen. Herausnehmen und eine Weile abkühlen lassen.

3 Kuchen vom Rand der Form ablösen, auf ein Kuchengitter stürzen und abkühlen lassen. Danach waagerecht zweimal durchschneiden.

4 Für die Schokocreme beide Schokosorten - 140 g von der Zartbitterschokolade - grob hacken und mit 240 ml Sahne im Wasserbad zum Schmelzen bringen. Übrige Eier ebenfalls trennen und Eiweiße steif schlagen. Eigelbe mit 65 g Zucker über einem weiteren Wasserbad schaumig aufschlagen. Geschmolzene Schokolade einrühren und Eischnee unterheben. Alles mindestens 35 Minuten kalt stellen.

5 Für die Zitronencreme Gelatine in etwas kaltem Wasser einlegen. Zitrone heiß abwaschen, abtupfen und Schale abreiben sowie Saft auspressen. Mascarpone, Quark, Zitronenabrieb und -saft und übrigen Zucker vermengen. Gelatine tropfnass in einem Topf bei wenig Temperatur

erwärmen. 3 EL der Quarkmasse zufügen, unterrühren und zügig unter die übrige Masse rühren. 120 ml Sahne steif schlagen und unterheben.

6 Biskuitboden auf eine Kuchenplatte geben und den Tortenring herumlegen. Die Hälfte der Schokocreme auf den ersten Boden streichen und mit dem zweiten Boden bedecken. Darauf die Zitronencreme geben und den dritten Boden darauflegen. Etwas andrücken und den Rest der Schokocreme darauf glatt streichen.

7 Übrige Sahne im Topf zum Kochen bringen, dann zur Seite stellen. Übrige Schokolade hacken und mit der Butter in eine Schale geben. Heiße Sahne einrühren, sodass Butter und Schokolade schmelzen. Etwas erkalten lassen, dann auf der Torte verteilen. Mit Zuckerperlen garnieren und mindestens 3 Stunden kalt stellen.

ZITRONEN-SEIDENTOFU-KUCHEN MIT HEIDELBEERGUSS

8 Port.

5 Std. 20 Min.

Leicht

Zutaten

Für den Teig:
2 Zitronen
95 ml Sonnenblumenöl
2 TL Backpulver
190 g + 1 EL Weizenmehl
100 g + 1 EL Margarine
95 ml + 45 ml Reismilch
410 g Seidentofu
1 Prise Salz
25 g Vanillezucker
80 g Zucker
95 g brauner Zucker

Für den Guss:
3 EL brauner Zucker
1 TL Maizena
2 EL Hahnenwasser
240 g Blaubeeren

Nährwerte p. P.

446 kcal
58 g Kohlenhydrate
22 g Fett
6 g Eiweiß

1 190 g Mehl mit 100 g Margarine, weißem Zucker, 45 ml Reismilch, Backpulver und Salz verrühren. Dann 30 Minuten kalt stellen.

2 Zitronen heiß waschen und Schale abreiben. Saft auspressen. Tofu mit Öl, der übrigen Reismilch, braunem Zucker und Vanillezucker zu einer Creme rühren.

3 Springform mit 1 EL Margarine fetten und mit 1 EL Mehl bestreuen. Teig in die Form drücken, dabei einen Rand von 4 cm formen. Creme in die Mitte füllen.

4 Kuchen bei 165 °C Umluft ungefähr 50 - 60 Minuten backen. Anschließend Ofen abschalten und Kuchen an einem kühlen Ort abkühlen lassen.

5 Blaubeeren säubern und mit Wasser in einem Topf erhitzen, sodass die Beeren aufplatzen. Maizena und Zucker einrühren. Soße auf dem Kuchen verteilen und diesen 90 Minuten in den Kühlschrank stellen.

Aufstriche, Dips & Soßen

ZITRONENSOßE MIT CRÈME FRAÎCHE

 2 Port.

 10 Min.

 Leicht

Zutaten

Abrieb von ½ Zitrone
3 EL Zitronensaft
95 ml Weißwein
45 g (in Stücken) + 30 g Butter
2 ½ EL Crème fraîche
1 gehackte Schalotte
Salz und Pfeffer

Nährwerte p. P.

380 kcal
6 g Kohlenhydrate
36 g Fett
2 g Eiweiß

1 Zitronenabrieb mit Schalotte in 30 g Butter andünsten. Weißwein und Zitronensaft zugeben und etwas einkochen lassen. Crème fraîche einrühren.

2 Mit Pürierstab kalte Butter in Stücken unterrühren. Zum Schluss mit Salz und Pfeffer abschmecken.

Tipp: Schmeckt toll zu pochiertem Fisch, Geflügel oder Gemüse.

ZITRONEN-HUMMUS-DIP

6 Port.

10 Min.

Leicht

Zutaten

2 Zitronen
5 EL Tahin (Sesampaste)
310 g TK-Erbsen
5 EL Olivenöl
2 Knoblauchzehen
430 ml Kichererbsen (aus der Dose)
1 TL Kreuzkümmel (gemahlen)
Salz und Pfeffer

Nährwerte p. P.

311 kcal
20 g Kohlenhydrate
20 g Fett
11 g Eiweiß

Tipp: Dazu schmeckt Fladenbrot!

1 Kichererbsen abgießen, waschen und abtropfen lassen. Knoblauch schälen und hacken. Zitronen auspressen und 110 ml Saft abmessen.

2 Aufgetaute Erbsen mit Knoblauch, Zitronensaft, Kichererbsen, Tahin, 4 EL Öl und Kümmel pürieren. Salzen und pfeffern. Mit übrigem Öl beträufeln und servieren.

SÜßER ZITRONEN-AUFSTRICH

4 Port. 40 Min. Leicht

Zutaten

2 Zitronen
2 Eier
210 g Zucker
310 ml Wasser
75 g Butter

Nährwerte p. P.

378 kcal
55 g Kohlenhydrate
17 g Fett
3 g Eiweiß

1 Zitronen säubern, dann Schale abreiben und Saft auspressen. Butter mit Zucker schaumig aufschlagen. Eier dabei nach und nach unterrühren.

2 Wasser in einem Topf währenddessen aufkochen. Schale mit der Buttermasse in den Topf setzen, sodass die Schale das Wasser nicht berührt, weil die Eier sonst anfangen zu stocken. Zitronensaft einrühren. Alles so lange rühren, bis eine dickliche Masse entstanden ist.

3 Dies kann bis zu 30 Minuten dauern. Dabei darauf achten, dass die Masse nicht zu kochen beginnt.

4 Masse in kleine Gläser umfüllen, abkühlen lassen und im Kühlschrank aufbewahren.

SCHNITTLAUCH-ZITRONEN-DIP

2 Port.

35 Min.

Leicht

Zutaten

1 Zitrone
1 Becher Sauerrahm
1 Bund Schnittlauch
1 Prise roter Pfeffer

Nährwerte p. P.

225 kcal
7 g Kohlenhydrate
21 g Fett
4 g Eiweiß

1 Schnittlauch abbrausen und hacken. Zitrone säubern und Schale abreiben. Danach Saft auspressen.

2 Alles mit den übrigen Zutaten vermengen und 30 Minuten im Kühlschrank durchziehen lassen.

Tipp: Ggf. etwas Salz zugeben.

ZITRONEN-PETERSILIE-CREME

4 Port.

5 Min.

Leicht

Zutaten

Saft von einer Zitrone
1 Becher saure Sahne
1 Knoblauchzehe
1 Becher Schmand
6 EL gehackte Petersilie
1 Prise Zucker
1 Prise Salz

Nährwerte p. P.

189 kcal
5 g Kohlenhydrate
17 g Fett
4 g Eiweiß

1 Schmand, Sahne, Zitronensaft, gepressten Knoblauch und Petersilie vermen-gen und mit Zucker und Salz würzen.

Tipp: Der Dip schmeckt gekühlt toll zu Ofenkartoffeln, Fisch, Tintenfischringen oder Garnelen!

ZITRONENBUTTER

6 Port.

5 Min.

Leicht

Zutaten

1 Zitrone
240 g Butter
2 TL Senf
4 Knoblauchzehen
5 EL TK-Kräuter
Etwas Salz und Pfeffer

Nährwerte p. P.

295 kcal
2 g Kohlenhydrate
32 g Fett
1 g Eiweiß

1 Schale der Zitrone abreiben und Saft auspressen.

2 Kräuter, Zitronenabrieb und -saft, Butter und Senf schaumig rühren. Knoblauch schälen und pressen und zugeben. Alles mit Salz und Pfeffer würzen.

Tipp: Die Kräuter können Sie nach Belieben auswählen!

ZITRONEN-KRÄUTERSOẞE

6 Port.

10 Min.

Leicht

Zutaten

1 Zitrone
730 g Sahnequark
1 Schalotte
1 Bund Dill
1 Bund Petersilie
1 Bund Schnittlauch
140 ml Schlagsahne
1 Knoblauchzehe
2 EL geröstete Sesamsamen
30 ml Weißweinessig
Je 1 TL Salz und Pfeffer

Nährwerte p. P.

293 kcal
8 g Kohlenhydrate
23 g Fett
13 g Eiweiß

1 Kräuter abbrausen und hacken. Schalotten und Knoblauch schälen und hacken. Zitrone heiß abspülen, dann Schale abreiben und Saft auspressen.

2 Sahne mit Quark in einer Schale verrühren. Knoblauch, Kräuter, Zitronen-Limetten-Öl, Essig, Schalotte, Zitronenabrieb und Salz und Pfeffer zufügen und untermischen. Mit Zitronensaft abschmecken und bis zum Verzehr kühl stellen.

3 Vor dem Servieren in Schälchen geben und mit Sesam bestreuen.

Tipp: Sie können die Sesamsamen auch in einer Pfanne ohne Öl selbst rösten!

ZITRONEN-LIMETTEN-ÖL

50 Port.

4 Wo.

Leicht

Zutaten

3 Zitronen
1 l Olivenöl
3 Limetten

Nährwerte p. P.

179 kcal
1 g Kohlenhydrate
20 g Fett
0 g Eiweiß

1 Zitronen und Limetten mit einem Sparschäler schälen. Dabei sollten lange Streifen entstehen und der bitter schmeckende weiße Rand sollte nicht mit abgeschält werden.

2 Schalen an einem luftigen Ort 1 – 2 Tage trocknen lassen. Dafür entweder auf einem Geschirrtuch ausbreiten oder an einer Schnur frei hängend. Die Schalen müssen vor der Weiterverarbeitung vollständig getrocknet sein.

3 Schalen in eine Flasche geben und mit Olivenöl aufgießen. Alles für 2 bis 4 Wochen bei Zimmertemperatur stehen lassen.

Tipp: Das Öl sollte kühl und dunkel gelagert werden und innerhalb weniger Wochen verbraucht werden. Sie können sich von der Hauptflasche auch kleine Fläschchen abfüllen und diese leicht im Kühlschrank aufbewahren!

Smoothies, Shakes & Getränke

FRÜCHTE-SMOOTHIE MIT PETERSILIE

2 Port.

10 Min.

Leicht

Zutaten

1 Zitrone
1 Orange
110 ml Wasser
1 Mango
20 g Petersilie

Nährwerte p. P.

112 kcal
28 g Kohlenhydrate
0 g Fett
2 g Eiweiß

1 Zitrone und Orange schälen, entkernen und in Stücke schneiden. Mango schälen und Fruchtfleisch ebenfalls in Stücke schneiden.

2 Alle Zutaten im Mixer fein pürieren. In Gläser umfüllen und genießen.

ZITRONEN-KIWI-SHAKE

 2 Port.
 10 Min.
 Leicht

Zutaten

1 Zitrone
2 EL Crushed Ice
2 Kiwis
2 TL Honig
210 ml Ananassaft

Nährwerte p. P.

145 kcal
36 g Kohlenhydrate
0 g Fett
2 g Eiweiß

1 Kiwis schälen, Fruchtfleisch in ein hohes Gefäß geben und pürieren. Zitrone auspressen und danach durch ein Sieb streichen. Mit Honig vermengen.

2 Alle Zutaten vermengen, erneut pürieren und in Gläser füllen. Mit Cocktailspießen dekorieren.

ZITRONENLIMONADE

4 Port. 15 Min. Leicht

Zutaten

4 Zitronen
950 ml Mineralwasser
240 g Zucker
Eiswürfel
480 ml Wasser
Etwas frische Minze

Nährwerte p. P.

249 kcal
65 g Kohlenhydrate
0 g Fett
1 g Eiweiß

1 Zitronen heiß abbrausen. Von drei Zitronen die Schale abreiben. Diese Zitronen halbieren und Saft auspressen. Zitronenabrieb mit Zucker und Wasser im Topf aufkochen. Ein paar Minuten stark kochen lassen.

2 Sirup von der Platte nehmen und abkühlen lassen. Durch ein Sieb geben und mit Zitronensaft verrühren.

3 Eiswürfel in ein großes Gefäß geben, Sirup zufügen und mit kaltem Mineralwasser auffüllen. Übrige Zitrone in feine Scheiben schneiden und in die Limonade geben. Mit Minze verfeinern.

APFEL-ZITRONEN-DRINK

1 Port.

5 Min.

Leicht

Zutaten

45 ml Zitronensaft
210 ml Apfelsaft
140 ml Mineralwasser

Nährwerte p. P.

115 kcal
30 g Kohlenhydrate
0 g Fett
0 g Eiweiß

1 Säfte verrühren, Wasser dazufüllen und kühl genießen.

ANANAS-ZITRONEN-EISTEE

4 Port.

2 Std. 20 Min.

Leicht

Zutaten

1 Zitrone
1 l Wasser
½ Ananas
2 Beutel grüner Tee
160 g Eiswürfel
95 g Rohrzucker

Nährwerte p. P.

214 kcal
55 g Kohlenhydrate
0 g Fett
1 g Eiweiß

1 Wasser im Topf aufkochen. Teebeutel hineingeben und 4 Minuten ziehen lassen. Dann herausnehmen und Zucker im Tee auflösen. Abkühlen lassen, dann in den Kühlschrank stellen.

2 Zitrone heiß abwaschen, eine Hälfte auspressen, die andere in Scheiben schneiden. Ananas schälen, halbieren und den Strunk entfernen. Fruchtfleisch klein schneiden. Zitronensaft und ¾ der Ananas pürieren und in einen Krug umfüllen.

3 Gekühlten Tee einrühren. Übrige Ananasstücke, Zitronenscheiben und Eiswürfel zugeben und genießen.

GIN SOUR

1 Port. 5 Min. Leicht

Zutaten

3 cl Zitronensaft
Eine Zitronenspalte
6 cl Gin
1,5 cl Zuckersirup
Eiswürfel

Nährwerte p. P.

205 kcal
13 g Kohlenhydrate
0 g Fett
0 g Eiweiß

1 Alle Zutaten in den mit Eiswürfeln gefüllten Cocktail-Shaker geben. Alles 15 Sekunden shaken.

2 Einen großen Eiswürfel in ein Tumbler-Glas geben und Gin Sour durch den Shaker in das Glas abseihen. Mit einer Zitronenspalte garnieren und genießen.

WÜRZIGER ZITRONEN-SMOOTHIE

2 Port.

5 Min.

Leicht

Zutaten

3 Zitronen
30 g Honig
1 daumengroßes Stück Ingwer
510 ml Wasser
1 Stück Kurkuma (3 cm groß)

Nährwerte p. P.

80 kcal
22 g Kohlenhydrate
0 g Fett
1 g Eiweiß

1 Ingwer und Kurkuma schälen. Beides im Mixer gut zerkleinern. Zitrone auspressen und Saft mit Honig und Wasser auch in den Mixer geben. Alles gut mixen.

2 In Gläser umfüllen und genießen.

Tipp: Schmeckt gekühlt noch besser! Für einen ganz besonders exotischen Geschmack geben Sie Ananas- oder Kokosnusswhey dazu!

Bonus: Zitrone als Heilpflanze

HEIẞE ZITRONE MIT HONIG BEI ERKÄLTUNG

1 Port.

5 Min.

Leicht

Zutaten

1 Zitrone
260 ml Wasser
1 TL Honig

Nährwerte p. P.

44 kcal
13 g Kohlenhydrate
0 g Fett
0 g Eiweiß

1 Wasser auf ca. 50 °C erwärmen. Zitrone auspressen und unter das Wasser rühren.

2 Honig untermengen und alles in einen Becher umfüllen. Warm und in kleinen Schlucken trinken.

Hinweis: Vitamin C ist sehr hitzeempfindlich! Gießen Sie den Zitronensaft also nicht mit heißem Wasser auf, da sonst ein Großteil des Vitamin-C-Gehalts zerstört wird und die Effektivität nicht mehr dieselbe ist.

ZITRONE GEGEN SODBRENNEN UND MAGENPROBLEME

1 Port.

5 Min.

Leicht

Zutaten

Saft einer Zitrone
1 Glas Wasser oder Kräutertee

Nährwerte p. P.

12 kcal
4 g Kohlenhydrate
0 g Fett
0 g Eiweiß

1 Beide Zutaten verrühren und sofort trinken.

Hinweis: Hilft gegen Sodbrennen, Magendrücken und Aufstoßen. Bei empfindlichem Magen nur eine halbe Zitrone verwenden!

ZITRONEN-KAFFEE ZUM ABNEHMEN

1 Port.

5 Min.

Leicht

Zutaten

1 Zitrone
230 ml schwarzer Kaffee

Nährwerte p. P.

14 kcal
4 g Kohlenhydrate
0 g Fett
0 g Eiweiß

1 Kaffee wie gewohnt brühen. Danach etwas abkühlen lassen. Zitrone auspressen.

2 Zitronensaft in den Kaffee rühren und verzehren.

ZITRONENSAFT GEGEN FETTIGE HAUT

1 Port. 5 Min. Leicht

Zutaten

Etwas Zitronensaft

1 Etwas Zitronensaft auf ein Wattepad träufeln.

2 Vor dem Schlafengehen im Gesicht verteilen und über Nacht einwirken lassen.

ZITRONE BEI SONNENBRAND

2 Port.

5 Min.

Leicht

Zutaten

1 - 2 TL Zitronensaft
1 l gekühltes Wasser

1 Saft und Wasser verrühren.

2 Auf ein Leinen- oder Baumwolltuch geben und den Sonnenbrand damit vorsichtig abtupfen. Kann mehrmals angewendet werden.

ZITRONE GEGEN PICKEL

1 Port.

15 Min.

Leicht

Zutaten

Saft von ½ Zitrone

1 Zitronensaft auf ein Wattepad oder Q-Tip träufeln.

2 Pickel und Mitesser damit direkt bedecken. Kann öfter angewendet werden.

Hinweis: Zitronensaft tötet Bakterien ab, trocknet Pickel aus und fördert die Wundheilung. Vorsicht bei empfindlicher Haut!

ZITRONE GEGEN STICHE

1 Port.

5 Min.

Leicht

Zutaten

Etwas Zitronensaft
1 Zitronenscheibe

Nährwerte p. P.

98 kcal
5 g Kohlenhydrate
7 g Fett
4 g Eiweiß

1 Zitronensaft auf den Stich träufeln.

2 Anschließend kann eine Zitronenscheibe auf den Stich gelegt werden.

Hinweis: Die Zitrone neutralisiert die Insektengifte und verdünnt das Gift.